| 명문동양문고 |

사기 史記 명언 100

金東求 편저

下

圖書出版 明文堂

해 설

《사기(史記)》와 사마천(司馬遷)

한 권의 위대한 고전(古典)이라고 불리는 저작(著作)에는 그 저작에 「무엇인가」가 걸려 있다고 한다. 또 반대로 그 저작에 「무엇인가」가 걸려 있음으로써 오랜 시대의 파도에 씻긴 후에도 그것이 위대한 고전으로 존속되는 것이리라.

《사기》도 결코 그 예외는 아니다. 아니, 《사기》만큼 절실하게 그 저자인 사마천의 「무엇인가」가 걸려 있는 저작은 거의 없다고 해도 과언은 아닐 것이다.

사마천은 자를 자장(子長)이라 했다. 좌풍익하양(左馮翊夏陽 : 섬서성 관중도 한성현) 사람이며, 여러 설이 있기는 하지만 한나라 경제(景帝) 중원(中元) 5년(B.C. 145)에 태어났다. 무제 원삭(元朔) 3년(B.C. 126)인 20세 때 장강(長江 : 양자강)의 남북에 걸친 긴 여행을 시도했고, 돌아와서 낭중관(郎中官)에 올랐다.

원봉(元封) 원년(B.C. 110)에 태사령(太史令)의 벼슬에 있었다. 무제의 봉선(封禪) 의식에 참여할 수 없었던 아버지 사마담(司馬談)은 분사(憤死)했다. 사마천은 이때에 아버지의 유지(遺志)로서《사기》를 논술토록 부탁을 받았다. 같은 해 38세 때 아버지의 뒤를 이어 태사령이 되었으며,《사기》의 자료수집에 착수했다.

태초(太初) 원년(B.C. 104) 42세 때《사기》를 저술하기 시작했으나, 천한(天漢) 3년(B.C. 98)에 그 유명한「이능(李陵)의 사건」에 연좌되어 죄를 짓고 부형(腐刑 : 거세형)에 처해졌다.

그러나 그 이후에도《사기》의 저술에 전념하여 정화(征和) 연간(B.C. 92~B.C. 89)에 이르러 마침내《사기》1백 30권을 완성했다. 실로 20년이라는 장구한 세월이 그 때문에 소비된 것이다.

그런데 사마천이 사망한 해는 소상하지는 않지만, 소제(昭帝) 즉위 후(B.C. 88) 얼마 되지 않을 것으로 추정하고 있다.

그 밖의 사마천의 전기(傳記)나 혹은 사적(事跡)에 대한 것은 「연보」에 나타나기도 하려니와 그의 《사기》 논술에 관련하여 기억해 둘 일은, 아버지 사마담의 분사사건과 「이능의 화(禍)」에 조우되었던 사건이다. 즉 전기한 장강 남북에 걸친 긴 여행이나 자료 수집을, 그의 《사기》 논술에 있어 이른바 「바깥쪽」에서 밀어준 일이라고 한다면, 사마천에게 내려진 가혹한 이 두 사건은 그것을 이른바 「안쪽」에서 밀어준 것이라 하겠다.

그것은 「태사공자서(太史公自序)」 및 「임안(任安)에게 보내는 글」을 일독하면 알 수 있듯이, 아버지 사마담의 분사와 그 때 아버지의 유지로서 《사기》의 논술 사업을 눈물로 부탁받은 사실은 그 중도에 쇠해졌을망정 멀리는 주왕실(周王室)의 태사였던 사마씨에게 맥맥이 흐르는 역사가의 전통상 중요성을 사마천은 무겁게 느꼈을 것이며, 또 그때까지는 막연했을지도 모를 그의 역사가로서의 자각을 보다 새롭게 하기도 했으리라.

또 아버지 사마담이 죽은 직접적 원인이 되었던 것은 태사령 벼슬에 있으면서 무제가 행한 국가의 대례(大禮), 곧 봉선 의식에 참여할 것을 거부당한 그 「분함」도 사마천은 꾹 참지 않으면 안 되었을 것이다.

그리고 그것은 중국 역대의 제왕 중에서도 가장 위대한 한 사람으로 꼽히는 무제에 대하여, 나아가서는 그 통치의 융성이 극을 이룬 대한제국(大漢帝國)에 대하여 「각성의 눈」을 뜨게 한 것이 아니었을까? 그와 같은 그의 「각성의 눈」이 이능이 흉노에게 항복한 사건에 연좌되어 부형에 처해진다는, 문자 그대로 치욕에 빠짐으로써 처참하기까지 한 냉철을 띠게 된다.

즉 그것은 오직 아버지 담에게서 부탁을 받은 「울분」뿐만이 아니라, 그 자신의 내면(內面)에서 우러나오는 「울분」을 간직한 것이었다. 그리하여 「태사공자서」와 「임안에게 보내는 글」에서 사마천은 말한다.

"옛날 서백(西伯)은 유리(羑里)에 갇혀 있었기 때문에 《주역(周易)》을 부연했고, 공자는 진(陳)·채(蔡)나라에서 고생을 겪음으로써 《춘추(春秋)》를 지었으며, 굴원(屈原)은 쫓겨나서 귀양살이를 함으로써 『이소(離騷)』를 지었고, 좌구명(左丘明)은 눈이 멀었기 때문에 《국어(國語)》를 지었으며, 손자(孫子)는 다리의 무릎 뼈가 잘림으로써 《병법(兵法)》을 논했고, 여불위(呂不韋)는 촉(蜀)으로 쫓겨남으로써 《여람(呂覽)》을 세상에 전했으며, 한비(韓非)는 진(秦)나라에 갇힌 몸이 되어 「세난(說難)」과 「고분(孤憤)」을 지었다. 《시(詩)》 3백 편도 대개는 현인·성인의 발분에 의하여 만들어진 것이다."

이 모든 「분노」는 사마천에게 냉철한 역사가로서의 눈을 뜨게 해줌과 동시에 더 나아가서 역사의 절대 재단자(裁斷者)인 「하늘」에 대한 불신도 가지게 했다.

즉 열전의 총서(總序)로서, 어떤 의미로는 《사기》의 총서라고도 할 수 있는 「백이열전(伯夷列傳)」에서는 의(義)를 행하고도 그 보답으로 아사(餓死)한 백이 · 숙제에 대한 깊은 동정과 「하늘」에 대한 회의가 나타나 있다.

사마천 자신이 의를 행하고도 옥에 갇히고 치욕을 받았던 그 이능의 사건을 체험한 것으로써 백이 · 숙제의 운명과 사마천의 운명을 굳게 관련 지웠으며, 이에 따라 그 동정은 깊고 「하늘」에 대한 회의의 절규는 통절한 것으로 나타나 있다.

「하늘」에의 회의는 백이의 「일시(逸詩)」를 읽고 공자의 백이 · 숙제에 대한 말에 의심을 가지게 되는 것으로부터 시작된다.

"공자의 말에, '백이 숙제는 남의 지나간 잘못을 염두에 두지 않았고, 남을 원망하는 일이 없었다(不念舊惡 怨是用希). 그들은 인(仁)을 구했고 인을 얻었다. 그러니 무엇을 원망할 것이 있겠는가.' 라는 구절이 있는데, 나로서는 백이의 심경이 슬퍼서 견딜 수가 없다. 『일시』를 읽으면 흡사 원시(怨

詩)와 같아서 백이의 진의가 의심되기 때문이다."

「일시」란 채미(采薇)의 시(詩)를 말함이다. 백이 숙제가 무왕에게 간할 뿐 그의 뜻을 받아들이지 않았는데, 마침 온 천하가 주(周)나라를 따르게 되자, 이를 부끄러이 여기며 「의(義)」로서 주나라의 녹속을 먹지 않으며, 수양산(首陽山)에 숨으려 할 때 다음과 같은 노래를 불렀다.

저 서산(西山 : 수양산)에 올라 고사리를 캐노라.
포악한 것으로 포악한 것을 바꾸고도
그 그릇됨을 알지 못하더라.
신농 · 우 · 하의 시대는 홀연히 지나갔으니,
나는 어디로 돌아갈 거나? 아아, 이젠 가리라.
운명의 기박함이여!

이 시를 실은 다음 사마천은 이렇게 말했다.

"이 노래로 미루어보아, 과연 백이 숙제는 남을 원망하는 일이 없었다고 하겠는가?"

채미의 시로서 백이의 심경을 슬픈 것이라 보고, 그 마음에는 하늘에 대한 「원망」이 있다고 느낀 사마천은 공자가 말한 것처럼 "그들은 인을 구하고 인을 얻었다(求仁得仁). 그러니 무엇을 원망할 것이 있겠는가?" 라고 해석할 수는 없었던 것이다. 이에 이르러 「하늘」에 대한 불신을 분명히 말할 수 있을 것으로 생각된다.

사마천은 또 이렇게 말하고 있다.

「천도(天道)가 공평무사하고 항상 선인(善人) 편에 있다고 한다면, 인덕(仁德)을 쌓고 행위를 정결하게 했는데도 아사한 백이 숙제는 선인이 아니었더란 말인가?」

그리고 공문(孔門)의 수석 제자인 안회(顔回)가 쌀겨도 넉넉히 먹지 못하다가 요절하고 만 것과, 이와 반대로 포학무도하기 극에 이르렀던 최대의 대도적인 도척(盜跖)이 마침내는 천수(天壽)를 다했던 예를 들면서, 공평무사하고 항상 선인 편에 있다고 하는 「하늘」이 현실에 있어서는 전연 반대임을 말하며 「하늘」에 대한 불신을 표명하기에 이르고 있다.

"이상은 가장 그 모순이 두드러진 것들의 예이다. 그 밖의 근세에 이르러서는 그 하는 짓들이 방종하여 남에게 못할 짓을 마음대로 하고도 종신토록 호강하며 살고, 부귀가 자손에게까지 이어지는 예도 적지 않다.

이런 일에 비하여 걸음 한 번을 내딛는데도 땅을 가려서 밟고, 말을 한 마디 하는데도 적당한 때에 당해서만 말하며, 길을 가는데도 지름길을 가지 않고, 공정한 일이 아니면 분발하지 않았음에도 불구하고 오히려 재앙을 만나는 일이 헤아릴 수 없이 많다. 이런 일은 나를 아주 당혹케 만든다. 이른바 하늘의 도리라고 하는 것은 과연 옳은 것인가, 그른 것인가(天道是也非也)?"

그러나 사마천이 「하늘」에 대한 불신을 갖게 되었다고 해서 마음 약하게 굽히고 마는 인간은 결코 아니었다. 같은 「백이열전」에서 그는 이에 다음과 같이 말하고 있다.

"군자는 죽은 다음의 이름을 더럽히지 않으려고 조심한다. 가자(賈子)는 이렇게 말했다. '탐욕을 하는 자는 재물 때문에 죽고, 열사(烈士)는 이름을 위해서 죽으며, 권세를 부리는 자는 권세 때문에 목숨을 잃고, 평범한 서민은 오로지 생활에 매달린다.'

같은 광명(光明)은 서로 비추어 주고, 같은 무리는 서로 어울리기를 마치 구름이 용을 따르고, 바람이 범을 따르는 것과 같이 성인이 이 세상에 나타나고서야 만물도 빛을 얻게 되는 것이다. 백이 숙제는 현인이지만 공자의 붓을 통해서 비로소 그 이름이 드러나게 되었고, 안회(顔回)는 학문에 충실하였지만 공자의 기미(驥尾)에 붙음으로써 그 조출한 품행이 더욱 더 돋보이게 되었던 것이다.

함께 동굴에 숨어 사는 선비더라도 나가고 들어감에 때의 이로움과 이롭지 못한 점이 있기 마련이니, 허유(許由)·무광(務光)과 같은 사람의 이름이 높이 나지 않은 것은 슬픈 일이라 하겠다. 촌구석에 살면서 품행을 닦고 입신하고자 하는 사람은 청운의 선비를 만나지 못하는 한 어찌 그 이름을 후세에 전할 수가 있겠는가!"

여기에는 「천도(天道)」에 대한 회의로부터 「천도」의 긍정으로 사상의 변전이 기록된 것으로 생각된다. 그 전환의 계기는 그가 성인의 출현을 생각하는 데에 있을 것이다. 즉 성인의 출현에 의해 모든 인인(仁人)·현사(賢士)·의사(義士) 등의 행위가 드러나게 되고 이름이 후세에 빛나게 될 것으로 그는 생각했다.

이를테면 백이 숙제와 같은 현인도 공자의 찬양이 없었더라면 그 이름은 후세에 나타났을 리 없었을 것이고, 안회도 공자에게서 배웠기 때문에 그 행위가 점점 드러나게 된 것이다.

만약 성인에 의하여 그 행위가 드러나지 않는다면 아무리 훌륭한 일을 했다고 하더라도 그 이름은 묻히고 말 것이며 찬양되지 못할 것이다. 그리고 군자(君子)는 후세에 이름이 드러나지 못하는 것을 부끄러워할 것이다.

그렇다면 「하늘」에 의해 이름이 드러나지 못한 사람이더라도 성인에 의해 후세에 이름이 드러날 수 있다면 그는 구원받은 사람이 될 것이다. 일견 천도의 모순된 갖가지 실상은 「하늘」의 명령을 받고 「하늘」의 대행자인 성인의 출현에 의하여 그 모순이 해결될 것으로 사마천은 생각했다. 그것은 모든 군자의 행위를 후세에 써서 남겨 그 이름을 드러나게 하는 것, 곧 그것이 성인의 일이다.

바꾸어 말하면, 성인의 이런 행위는 곧 역사가의 그것이다. 사마천은 이와 같이 생각했을 때 이른바 「하늘」에 대한 불신을 초월할 수 있어서 스스로 「하늘」의 회복을 목표로 하여 힘차게 일어섰던 것이다. 그리하여 이 52만 수천 마디에 이르는 방대한 양을 자랑하는 《사기》 1백 30권이 논술되기에 이른 것이다.

사마천과 사기

목 차

사기 명언 100下

史記 名言

평원군 · 우경열전(平原君虞卿列傳)

낭중지추
囊中之錐　　　주머니 囊 송곳 錐

재능이 뛰어난 사람은 숨어 있어도 사람에게 알려짐의 비유.

진나라의 군대가 조나라 서울 한단(邯鄲)을 포위하자, 조나라는 급히 평원군을 초나라로 보내 구원병을 청하게 했다.

평원군은 길을 떠날 때 문무를 겸한 문객 스무 명을 뽑아 데리고 가기로 하고 인선에 들어갔으나 열아홉 명밖에 뽑지 못했다. 더 고를 만한 사람이 없었던 것이다.

이에 자청해서 나선 것이 모수(毛遂)였다.

평원군이 모수를 보고 이것저것 물어보니, 그는 식객으로 들어온 지도 3년이나 되었다고 하는데 그의 눈에 들지 않았다는 사실로 보아 별다른 재주가 있는 것 같지 않았다.

"어떤 사람에게 재주가 있다면 마치 주머니 속 송곳처럼 당장 비어져 나왔을 거요(譬若錐地處囊中 其末立見). 그대는 3년 동안이나 내 집에 있었으면서도 아무런 재주도 보여주지 못했으니 안 되겠소."

평원군이 못미덥다는 듯 이렇게 말하자, 모수는 벌떡 일어서며 말했다.

"제가 저를 스스로 천거하려는(毛遂自薦) 것은 바로 군께서 지금 나를 주머니 속에 넣어 달라는 뜻입니다. 일찌감치 저를 주머니 속에 넣었더라면 벌써 비어져 나왔을 게 아니겠습니까?"

평원군은 모수의 말도 그렇겠다 싶어 마침내 그를 20번째 수행원으로 발탁했다.

결국 모수의 큰 활약으로 초나라로부터 구원병을 얻는 데 성공한 평원군은 모수를 가리켜 이렇게 칭찬했다.

"모선생의 세 치 혀가 백만의 군사보다도 더 강하다(三寸之舌 强于百萬之師)." ☞ 「모수자천(毛遂自薦)」

毛遂自薦(모수자천) 터럭 毛 수행할 遂 추천할 薦

스스로 자신을 추천하다. 자진해서 나서다.

진나라가 조나라 서울 한단(邯鄲)을 포위하자 조나라는 평원군을 초나라로 보내 구원병을 청하게 했다.

평원군은 길을 떠날 때 문무를 겸한 문객 스무 명을 뽑아 데리고 가기로 하고 인선에 들어갔으나 겨우 열아홉 명밖에 뽑지 못했다. 더 고를 만한 사람이 없었던 것이다. 이에 자청해서 나선 것이 모수였다.

평원군이 모수를 보고 이것저것 물어보니 그는 식객으로 들어온 지도 3년이나 되었다고 하는데 그의 눈에 들지 않았다는 사실로 보아 별다른 재주가 있는 것 같지 않았다.

“어떤 사람에게 재주가 있다면 마치 주머니 속 송곳처럼 당장 비어져 나왔을 걸세(譬若錐地處囊中 其末立見). 그대는 3년 동안이나 내 집에 있었으면서도 아무런 재주도 보여주지 못했으니 안 되겠네.”

평원군이 못미덥다는 듯 이렇게 말하자, 모수는 벌떡 일어서며 말했다.

“제가 저를 스스로 천거하려는 것은 바로 군께서 지금 나를 주머니 속에 넣어 달라는 뜻입니다. 일찌감치 저를 주머니 속에 넣었더라면 벌써 비어져 나왔을 게 아니겠습니까?”

평원군은 모수의 말도 그렇겠다 싶어 마침내 그를 스무 번째 수행원으로 발탁했다.

평원군은 20명의 문객을 거느리고 초나라 왕과 초나라 궁정에서 회담을 갖게 되었다. 그러나 마음이 착하기만 한 평원군과 진나라가 두렵기만 한 초왕과의 회담은 아침부터 시작해서 대낮이 기울도록 결정을 못보고 있었다.

보다 못한 문객들은 모수를 보고 올라가라고 했다. 모수는 칼을 한 손으로 어루만지며 성큼성큼 계단을 올라가 평원군에게 말을 건넸다.

"구원병을 보내는 것이 좋으냐 아니냐 하는 것은 두 마디로 결정될 일인데, 해가 뜰 때부터 시작된 이야기가 한낮이 되도록 결정을 보지 못하는 것은 무엇 때문입니까?"

그러자 초왕이 평원군을 보고 물었다.

"저 손은 뭐하는 사람입니까?"

"이 사람은 신의 문객입니다."

그러자 초왕은 호통을 쳤다.

"어서 내려가지 못할까! 내가 너의 주인과 말하고 있는데, 네가 감히 무슨 참견이냐?"

그러자 모수는 칼을 잡고 앞으로 나아갔다.

"대왕께서 이 모수를 꾸짖으시는 것은 초나라 군대가 있기 때문입니다. 그러나 지금 대왕과 나는 열 걸음 안에 있으므로 초나라 군대가 아무 소용이 없습니다. 대왕의 목숨은 이 모수의 손에 달려 있습니다. 우리 주인이 앞에 있는데 나를 꾸짖는 것은 무엇 때문입니까. 그리고 옛날 탕임금은 70리 땅으로 천하를 통일하고, 문왕은 백 리의 땅으로 제후들을 신하로 만들었습니다. ……지금 초나라는 땅이 사방 5천 리에 무장한 군대가 백만에 이르고 있습니다. ……그런데 백기(白起)란 어린 것이 수만의 군대를 거느리고 초나라와 싸워, 한 번 싸움에 언영(鄢郢)을 함락시키고 두 번 싸움에 이릉(夷陵)을 불사르고 세 번 싸움에 왕의 선인(先人)을 욕되게 했습니다. 이 백세의 원한을 조나라도 부끄러워하고 있는데, 대왕께서는 미워할 줄을 모르고 계십니다. 두 나라의 연합은 실상 초나라를 위한 것이지 우리 조나라를 위한 것이 아닙니다. 우리 주인이 앞에 있는데 나를 꾸짖는 것은 무엇 때문입니까?"

초왕은 서슬이 시퍼런 모수의 기세에 겁을 먹고, 또 진나라 백기에 당한 지난날의 일을 생각하니 복수의 감정이 치받기도 했다.

"선생의 말을 듣고 보니 과연 그렇소. 삼가 나라로써 선생을 따르겠소."

"그럼 출병은 결정된 것이옵니까?"

"그렇소."

그러자 모수는 초왕의 좌우에 있는 사람들을 시켜 맹약에 쓸 피를 가져오게 하고, 피가 담긴 구리쟁반을 자기가 받아 든 다음, 무릎을 꿇고 초왕 앞에 들이밀며 말했다.

"대왕께서 마땅히 먼저 피를 마시고 맹약을 정하십시오. 그 다음은 저의 주인이요, 그 다음은 이 모수가 하겠습니다."

이렇게 궁전 위에서 맹약을 끝마치자, 모수는 왼손에 피 쟁반을 들고 오른손으로 열아홉 명을 손짓해 말했다.

"당신들은 함께 이 피를 대청 아래서 받으시오. 당신들은 녹록한 사람들로 이른바 남으로 인해 일을 이룩하는 사람들입니다(公相與歃此血於堂下 公等錄錄 所謂因人成事者也)."

이리하여 초나라로부터 구원병을 얻는 데 성공한 평원군은 모수를 가리켜 이렇게 칭찬했다.

"모선생의 세 치 혀가 백만의 군사보다도 더 강하다(三寸之舌 强于百萬之師)."

삼촌지설
三寸之舌

세 치 길이밖에 안되는 사람의 짧은 혀지만 그 위력은 실로 대단하다.

"세 치의 혀가 백만 명의 군대보다 더 강하다."는 말을 "삼촌지설(三寸之舌)이 강어백만지사(彊於百萬之師)."라고 한다. 백만 군대의 위력으로도 되지 않을 일을 말로써 상대를 설복시켜 뜻을 이룬다는 뜻이다. ☞「모수자천(毛遂自薦)」

인인성사
因人成事　　인할 因 이룰 成 일 事

남의 힘을 빌려 일을 성취한다는 뜻. 사회생활을 하는 인간은 혼자 힘으로는 되는 일이 없다.

「인인성사(因人成事)」는 남을 의지해서 일이 이뤄진다는 뜻이다. 현재에는 사회생활 속에 있는 인간은 혼자 힘으로는 되는 일이 없다는 뜻으로 널리 쓰이고 있다.

그러나 본래의 뜻은 상호 의존적인 그런 의미가 아니고 "원님 덕에 나팔 분다." 식의 가벼운 뜻으로 쓰였다.

"세 치 혀가 백만의 군사보다 강하다(三寸之舌 疆於百萬之師)." 고 한 고사에서 언급된 모수(毛遂)의 입을 통해 나온 말이다.

탄환지지 彈丸之地

탄알 彈 알 丸

작은 땅, 얼마 안 되는 땅을 이르는 말.

탄환은 새를 잡는 데 쏘는 탄알을 말하는 것으로, 아주 작은 것에 비유된다.

전국시대, 6국이 서로 다투어 전쟁이 그치지 않았다. 진(秦)나라는 장평에서 조(趙)나라를 물리친 후 조나라의 여섯 성을 요구하였다. 조나라 왕은 결단을 내리지 못하고, 진나라에서 온 누완(樓緩)에게 도움을 청하였다.

누완은 수차례 사절하였지만, 조왕이 계속 부탁을 해오자,

먼저 공보문백(公甫文伯)의 어머니 이야기를 하면서, 사람의 신분이 다르면 효과도 다르다는 이치를 설명하였다.

조나라 대신 우경(虞卿)은 누완의 이야기를 전해 듣고, 조나라 왕에게 날카롭게 말했다.

"이것은 누완이 진실을 감추는 궤변입니다."

우경은, 진나라가 장평에서 승리를 거둔 후 지쳐서 돌아갔으므로, 만약 조나라가 여섯 성을 주어 버린다면 이는 진나라의 힘이 미치지 못한 것을 얻게 되는 것이라고 생각하였다.

조나라 왕이 우경의 말을 누완에게 전하자, 누완이 말했다.

"우경은 진나라의 힘이 어느 정도인지를 정말로 알고 있을까요? 만약 정말로 진나라 힘의 한계를 안다면 탄환만한 작은 땅도 떼어줄 필요는 없겠지요(此彈丸之地 猶不予也). 그러나 만일 내년에 다시 진나라가 임금을 공격해 온다면 이번에는 내지(內地)를 떼어주고라도 강화를 하지 않고는 견디지 못할 것입니다."

조왕이 물었다.

"그렇다면 그대의 의견에 따라 땅을 떼어준다면 그대는 내년에 다시 진나라가 우리를 치지 않는다고 보증할 수 있겠소?"

"그것은 제가 말씀드릴 수 있는 것이 못됩니다. 일찍이 삼진(三晋)은 진(秦)나라와 서로 사이가 좋았습니다. 그런데 지금 진나라가 한(韓)·위나라와 친하면서도 임금을 공격하는 것은 임금께서 진나라를 섬기는 것이 한나라와 위나라에 미치지 못하기 때문입니다. 이제 제가 임금을 위하여, 그동안 화친을 저버린 때문에 일어난 사태를 수습하고, 관소(關所)를 열어 무역을 하며 국교를 한나라·위나라와 평등하게 하더라도 내년이 되어 임금만이 진나라로부터 공격을 받으신다면 이것은 역시 임금께서 진나라를 섬기는 방법이 좋지 않기 때문입니다. 이 점 저로서는 보증할 수 있는 일이 못됩니다."

利令智昏 (이령지혼)

하여금 令 지혜 智 어두울 昏

"이익은 지혜를 어둡게 만든다."라는 뜻으로, 이익에 눈이 멀면 사리분별을 제대로 하지 못하게 됨을 비유하는 말이다.

전국시대, 진(秦)나라는 대장군 백기(白起)에게 대군을 주어 한(韓)나라를 공격하고, 한나라의 야왕(野王)을 점령하였다. 야왕은 한나라의 상당(上黨)에서 내륙으로 통하는 교통요지였는데, 야왕이 점령당하는 바람에 상당은 고립되고 말았다.

상황이 이렇게 되자, 상당의 지방관인 풍정(馮亭)은 인접한 조(趙)나라 효성왕(孝成王)의 보호를 받고자 하였다. 풍정은 조(趙)나라를 끌어들여 진나라를 막고자 사신을 보내 상당을 조나라에 바치겠다고 하였다.

풍정의 의사를 전해 받은 효성왕은 대신들에게 의견을 물었다. 먼저 평양군(平陽君) 조표(趙豹)가 반대하고 나섰다.

"아무런 연고도 없이 이득을 보면 재앙을 부를 수도 있으니, 받지 않는 게 좋을 듯합니다."

그러나 국상(國相)인 평원군 조승이 이를 이용하여 영토를 넓히자고 주장하자, 효성왕은 평원군의 의견에 따라 풍정을 화양군(華陽君)에 봉했다. 동시에 조나라는 조괄(趙括)을 대장군으로 임명하고 40여만의 대군을 동원하여 상당을 접수하였다.

상당을 조나라에게 빼앗겨버린 진나라는 기원전 260년, 다시 백기(白起)를 파견하여 조괄이 이끄는 조나라 군대와 일전을 벌였다.

이 전투에서 조괄이 죽자, 조나라 병사 40여만 명은 투항한 후 백기에 의해 모두 생매장되었다. 이것이 장평전투(長平戰鬪)이다. 결국 상당을 얻게 된다는 눈앞의 이익에만 눈이 어두워진 평원군과 효성왕의 그릇된 판단 때문에 조나라는 거의 멸망할 위기에 처하게 된 것이다.

태사공(사마천)은 평원군에 대하여 이렇게 평했다.

"혼탁한 세상을 훨훨 나는 새처럼 멋진 공자(公子)였지만, 대체(大體)를 살필 줄 몰랐다. 속담에 이르기를, '이익은 지혜를 어둡게 만든다(利令智昏)' 라고 하였는데, 평원군은 풍정(馮亭)의 간사한 말에 욕심을 내어 40만여 명에 이르는 조나라 군사를 장평(長平)에서 생매장 당하게 하고, 한단(邯鄲)이 거의 멸망의 지경에 이르게 만들었다."

또 사마천은 〈백기 · 왕전열전〉에서 백기를 이렇게 평했다.

"백기는 적의 능력을 잘 파악했으며 이에 따라 전략을 능란히 바꾸어 무한한 전술로 천하를 진동시켰다."

그러나 동료인 범수와 사이가 틀어져 최후를 맞게 되기까지 과정을 지적하며 왕전과 함께 유능한 군인이지만 인간적 결점이 존재했다고 평가하고 있다.

위공자열전(魏公子列傳)

절부구조
竊符救趙 　　　　훔칠 竊 부신 符 나라 趙

병부를 훔쳐 조나라를 구했다는 말이다. 맹상군(孟嘗君)과 함께 전국사군(戰國四君)으로 손꼽히는 신릉군(信陵君)의 고사에서 나온 말이다.

신릉군이 조나라의 위급함을 구하기 위해 임금의 병부를 훔쳐내어 위나라 군사를 이끌고 진나라 군사를 물리친 사건은 너무도 유명한 이야기다. 그러나 여기에는 여러 가지 문제점이 있다.

첫째, 신하의 신분으로 임금을 속였으니 그것은 불충부덕한 일이다 하는 주장이 될 수 있다. 그러나 그것이 나라를 위하는 길이요, 이웃을 위하는 길이요, 침략자를 응징하는 길이었으니 보다 큰 목적을 위해서는 그런 형식적인 도덕 같은 건 지키지 않아도 된다 하는 이론이 될 수도 있는 것이다. 그러면 이 내용을 간단히 더듬어 보기로 하자.

신릉군 위무기(魏無忌)는 위소왕(魏昭王)의 작은아들이었고 안희왕(安釐王)의 배다른 동생이었다. 소왕이 죽고 안희왕이 즉위하자 그를 신릉군에 봉했다. 신릉군은 덕이 있고 지혜가 있고 또 사람을 보는 눈이 있었다. 그는 이문(夷門)을 지키는 후영(侯嬴)이란 늙은 문지기를 스승처럼 위했고, 백정인 주해(朱亥)를 귀한 손님처럼 받아들였다.

안희왕 20년에 조나라 군사를 장평(長平)에서 크게 깨뜨린 진나라는 다시 조나라 수도 한단(邯鄲)을 포위했다.

신릉군의 자형인 조나라 평원군은 조나라 혜문왕(惠文王)의 아우였다. 혜문왕과 평원군은 각각 안희왕과 신릉군에게 거듭 사람을 보내 구원을 요청했다.

안희왕은 진비(晋鄙)에게 10만의 군사를 주어 조나라를 구하게 했다. 그러자 진나라에서 위협해 왔다. 제후들로서 조나라를 구원하는 사람이 있으면 조나라를 깨뜨린 다음에는 군대를 그 곳으로 옮기겠다는 것이었다.

안희왕은 겁이 났다. 곧 사람을 보내 진비를 국경선을 넘지 못하도록 했다. 그러자 평원군에게서 거듭 신릉군을 책망하는 편지를 보내왔다. 신릉군은 그때마다 왕에게 간청을 넣었으나 왕은 진나라가 무서워 허락을 하지 않았다. 마침내 신릉군은 백여 대의 수레에 손들을 태우고 진나라 군대와 싸워 죽을 결심을 하게 된다.

가는 도중 이문을 지나며 후영을 만나 가게 된 동기와 죽을 결심을 말했다. 후생은 담담한 표정으로 이렇게 말했다.

"수고가 많으시겠습니다. 늙은 몸은 공자를 따라갈 수가 없습니다."

얼마를 가던 신릉군은 후영의 태도가 아무래도 마음에 걸렸다.

"내가 그를 그토록 성의껏 대했는데 죽으러 가는 마당에 이렇게 보낼 수가! 내게 무슨 잘못이라도 있단 말인가?"

그는 다시 후영에게로 돌아갔다. 그러자 후영은 이렇게 말했다.

"공자께서 다시 오실 줄 알았습니다."

하면서 무모한 죽음은 어리석은 일밖에 될 것이 없다면서 조용한 곳으로 가 그에게 조나라를 구할 수 있는 꾀를 일러 주었다. 그것이 병부를 훔쳐 조나라를 구하는 일이었다.

안희왕의 총희 여희(如姬)는 자기 아버지를 죽인 원수를 잡으려 했으나 왕의 힘으로도 3년이 되도록 범인을 잡지 못했다. 여희의 청을 받은 신릉군이 범인을 잡아 목을 베어 여희에게 보내 주었다. 여희는 신릉군의 은혜를 목숨으로라도 갚겠다는 약속을 했다.

한편 진비가 가지고 있는 호부(虎符)의 한쪽은 안희왕의 침실 깊숙이 감춰져 있었다. 그것을 훔쳐 내기만 하면 진비의 군대를 앗아 조나라를 구할 수가 있다. 그러나 안희왕의 침실에서 그것을 훔쳐 낼 수 있는 사람은 여희 이외에 아무도 없었다.

신릉군은 후생의 꾀에 따라 여희를 통해 호부를 훔쳐낸 다음, 또 후생의 권고로 주해를 데리고 밤을 새워 진비가 있는 국경으로 달려갔다.

진비는 예상한 대로 병부를 대조해 보고도 신릉군을 의심하여 순순히 지휘권을 넘겨주려 하지 않았다. 사태가 원만하게 수습될 수 없는 것을 알아차린 주해는 소매 속에서 40근 철퇴를 꺼내 진비의 머리를 내려쳤다.

진비의 군대를 손에 넣은 신릉군은 즉시 군중에 영을 내려 부자가 같이 와 있는 아버지, 형제가 같이 와 있는 형, 형제가 없는 외아들은 전부 돌려보내고 남은 8만의 군대로 진나라 군대를 쳐서 크게 승리를 거두었다.

신릉군은 그 길로 조나라에서 10년을 지내게 된다. 안희왕이 그를 부르지 않았기 때문이다. 그러다가 진나라가 위나라를 침략해 오게 되었다. 안희왕은 다급한 나머지 신릉군에게어서 돌아와 달라고 애원을 했다.

무심했던 왕이 다급한 이제야 그를 필요해서 불렀던 것이다. 그러나 결국은 새로 사귄 모공(毛公)과 설공(薛公)의 권유로 위나라로 돌아가 진나라를 크게 이기고 함곡관까지 쳐들어가 시위를 하고 돌아온다.

그러나 안희왕은 다시 진나라 간첩들의 모략에 넘어가 신릉군을 멀리하게 되고 신릉군은 망해 가는 조국의 모습이 안타까워 어서 죽기 위한 타락된 여생을 보내게 된다.

이「절부구조」란 말은 보다 큰 목적을 위해서는 사소한 의리 같은 것은 버려도 된다는 뜻으로 쓰인다.

신릉군

범수 · 채택열전(範睢蔡澤列傳)

누 란 지 위
累卵之危 포갤 累 알 卵 위태로울 危

쌓아올린 새알처럼 몹시 아슬아슬한 위기.

「누란(累卵)」은 높이 쌓아올린 알이란 뜻이다. 조금만 건드리거나 흔들리거나 하면 와르르 무너지고 만다. 이보다 더 무너지기 쉬운 것은 없을 것이다. 그래서 아주 위험한 상태에 있는 것을 「누란지위」라고 한다.

이 말의 출전인 〈범수 · 채택열전〉에는, "알을 쌓아올린 것보다 더 위험하다(危於累卵)." 고 되어 있다.

「원교근공(遠交近攻)」의 대외정책으로 그 이름이 알려진 범수(范睢)는, 그의 조국 위(魏)나라에서 억울한 죄명으로 자칫 죽을 뻔한 끝에 용케 살아나 장록(張祿)이란 이름으로 행세하며, 마침 위나라를 다녀서 돌아가는 진나라 사신 왕계(王季)의 도움으로 진나라로 망명을 하게 된다.

이때 왕계는 진나라 왕에게 이렇게 보고했다.

"위나라에 장록이란 천하에 뛰어난 변사가 있습니다. 그가 말하기를, '진나라는 지금 알을 쌓아둔 것보다도 더 위험하다. 나를 얻으면 안전하게 될 수 있다. 그러나 이것을 글로는 전할 수 없다(秦王之國 危於累卵 得臣則安 然不可以書傳也).' 고 하는 터라 신이 데리고 왔습니다."

그러나 범수가 진왕을 만나 실력을 발휘하게 된 것은 이로부터 다시 1년이 지난 뒤였다. 마침내 진소왕(秦昭王)을 만나 당면한 문제와 「원교근공」의 외교정책 등을 말함으로써 일약 현임 재상을 밀어내고 진나라의 재상이 된다.

杜口裹足 (두구과족)

닫을 杜 쌀 裹 발 足

입을 다물고 발을 싸맨다는 뜻으로, 시류에 따라 바뀌는 세상 사람들의 각박한 마음을 일컫는 말.

마음속으로는 반감이 있으면서도 의견을 말하지 않고, 무슨 일이든 함께 하려고도 하지 않는 태도를 비유하는 말.

범수가 진(秦) 소왕(昭王)을 만나니, 소왕이 세 번이나 무릎을 꿇고 가르침을 청하였다. 소왕이 네 번째로 무릎을 꿇고 청하자, 범수는 여러 가지 간언(諫言)을 하면서 이렇게 말했다.

"만약 제가 기자(箕子)와 같은 행동을 해서라도 어진 군주에게 보탬이 된다면, 이는 저에게 더없는 영광입니다. 무엇을 부끄러워하겠습니까? 다만 제가 두려워하는 것은 제가 죽은 뒤에 천하 사람들이 충성을 다하고도 죽임을 당하는 모습을 보고, 그로 인해서 입을 다물고 발을 싸맨 채(因以是杜口裹足) 아무도 진나라로 오려 하지 않을까 하는 것뿐입니다."

「두구과족」은 여기서 유래하였다. 입을 막고 발을 싼다(발길을 끊는다)는 뜻이다. 함부로 말하다가 화를 당할 수도 있는 까닭에 입 밖에 내기를 꺼리고, 자주 찾아가던 사이에도 발길을 뚝 끊어버리니, 세상인심이 이렇듯 각박하게 돌변하기도 한다.

권세가 있을 때는 찾아오는 사람들로 들끓었으나, 세력이 약해지자 방문객들의 발길이 뚝 끊어졌다는 「문전작라(門前雀羅)」라는 말과 뜻이 통한다.

盜糧 (도량)

훔칠 盜 양식 糧

곡식을 훔치다. 자신을 이롭게 하려고 했던 일이 오히려 경쟁 상대방을 돕는 결과를 빚을 때 쓰는 말.

위(魏)나라에서 달아나 진(秦)나라에 와서 소왕(昭王)을 만난 범수는 이렇다 할 직책도 없이 숙소에 머물면서 1년이라는 세월을 허송하였다. 이때의 진나라 정치는 소왕에게는 아무 실권도 없고, 권력은 선태후(宣太后)와 그녀의 동생인 양공(穰公)의 손아귀에 쥐어 있었다.

생각다 못해 간절한 내용을 담은 상소문을 올려 간신히 소왕과의 알현을 허락받았다. 범수는 장안(長安)의 이궁(離宮 : 왕이 임시로 머무는 궁실)에서 왕을 알현하게 되었는데, 그 때 그는 짐짓 길을 모르는 체하며 후궁들이 드나드는 영항(永巷 : 궁중 깊이에 있는 곳)으로 들어갔다. 때마침 왕이 나타나자, 환관은 노하여 말했다.

"왕께서 납신다!"

그러면서 범수를 내쫓으려고 했다. 범수는 시치미를 떼고 말했다.

"진나라에 무슨 왕이 있단 말이오? 진나라에는 태후와 양후만이 있을 뿐이오."

범수의 이 말은 물론 소왕을 노엽게 만들기 위함이었다. 소왕은 다가와 범수가 환관과 말다툼하는 것을 듣고 곧 그를 궁중으로 청해 들였다. 그 자리에서 범수는 그간 진나라가 썼던 「원공근교(遠攻近交)」의 외교술이 잘못되고 이를 「원교근공(遠交近攻)」으로 바꾸어야 함을 극구 간언하였다.

즉 먼 곳을 공격해서 승리를 거둬 봐야 직접 다스릴 수가 없어 주변 나라만 이롭게 만들었다는 것이다. 그러면서 옛날 제(齊)나라 민왕(湣王)의 이야기를 끄집어내면서 이렇게 결론지었다.

"그러므로 제나라가 크게 패배한 까닭은 초나라를 정벌해서 한나라와 위나라를 살찌게 했기 때문이었습니다. 이것은 이른바 적의 군대를 빌려 도둑에게 식량을 준 꼴이라고 하겠습니다(此所謂借敵兵齊盜糧者也)."

수고는 혼자 다 했지만 실속은 엉뚱한 사람이 차지했다는 말이다.

一寒如此 (일한여차)

찰 寒 이 此

가난함을 개탄하는 말.

극도로 빈궁한 상태에 이르게 된 것을 비유하는 말이다.

전국시대 위(魏)나라의 범수(范雎)는 수가(須賈)를 수행하여 제(齊)나라에 사신으로 갔다. 제나라 왕은 범수를 높이 평가하여 수가를 제쳐두고 융숭하게 대접하였다.

이 일로 범수에게 앙심을 품은 수가는 귀국한 뒤에 범수가 제나라와 밀통한다고 모함하였다. 그로 인해 범수는 모진 고문을 받고 변소에 버려졌다가 구사일생으로 살아나 진(秦)나라로 도망친 뒤에, 이름을 장록(張祿)이라고 바꾸고는 재상의 자리에까지 올랐다.

위나라에서는 진나라가 한(韓)나라와 위나라를 공격할 것이라는 소식을 듣고 수가를 진나라에 사신으로 파견하였다. 수가는 재상 장록을 만나 위나라를 공격하려는 뜻을 거두어달라고 교섭할 요량이었다. 범수는 수가가 진나라에 왔다는 소식을 듣고, 거지나 다름없는 초라한 행색으로 그의 앞에 나타났다.

수가는 범수를 보고 놀라면서도 그 동안 잘 지냈는지, 무슨 일을 하면서 지내는지 물었다.

범수는 진나라로 도망쳐 온 뒤로 남의 집 머슴살이를 하면서 살아가노라고 대답하였다. 수가는 범수의 처지를 애석해하며, 자기 자리에 앉게 하여 음식을 대접하였다. 수가는 범수를 위로해 말했다.

"범숙이 이렇게까지 곤궁하게 되었구려(范叔一寒如此哉)."

그러면서 두꺼운 명주 솜옷을 주었다.

나중에 수가는 범수가 곧 장록임을 알고 잘못을 빌었다. 범수는 수가가 그래도 옛정을 잊지 않고 가난해 보이는 자신을 동정하여 솜옷을 준 일을 생각하여 그를 용서하였다.

제포연연
綈袍戀戀　　　　깁 綈 솜옷 袍 사모할 戀

옛 친구에 대한 배려와 동정이 두터움의 비유.

위(魏)나라의 중대부(中大夫) 수가(須賈)는 소왕(昭王)의 명을 받아 제나라에 사신으로 갔는데, 범수도 수행하였다. 수가는 제나라에 머무르기 몇 달이나 되었건만 아직도 제나라 왕으로부터 회답을 얻지 못했다.

그 사이에 제나라 양왕(襄王)은 범수가 변설(辯舌)에 능하다는 말을 듣고 범수에게 사람을 보내 금 10근과 쇠고기와 술을 내렸다. 그러나 범수는 금은 사양하고 쇠고기와 술만 받았다.

수가는 이 사실을 알고 크게 노했다. 그것은 범수가 위나라의 비밀을 제나라에 알려주었기 때문에 선물을 보내온 것으로 의심했기 때문이다.

귀국한 다음에도 수가는 내심 이 일에 대하여 노기를 가라앉히지 않고 끝내는 재상에게 보고했다. 위나라의 재상은 위나라의 여러 공자(公子) 가운데 한 사람인 위제(魏齊)였는데, 이 말을 듣자 또 크게 노하였다. 그래서 가신(家臣)에게 명하여 범수를 태형(笞刑)에 처하게 했다. 범수는 심한 매를 맞아서 갈비뼈가 부러지고 이가 빠졌다.

죽을 고비를 넘기고 간신히 살아난 범수는 진(秦)나라로 도망쳤다. 범수는 이름을 장록(張祿)이라 바꾸고 출중한 재능을 발휘하여 재상의 지위에까지 올랐다. 얼마 후에 진나라가 위나라를 공격하려 하자, 위나라는 수가를 사신으로 파견하여 화친을 교섭하도록 하였다.

수가가 진나라에 도착하자 범수는 남루한 하인의 행색으로 가장하여 그를 만났다. 수가는 범수를 동정하며 솜옷을 한 벌 건네주고는, 재상 장록과 친한 사람이라도 알고 있느냐고 물었다. 범수는 자신이 모시는 주인과 잘 아는 사이라고 하면서 만남을 주선해 보겠다고 말하였다.

범수는 수가와 함께 재상의 관청에 가서 잠시 기다리라고 하고는 안으로 들어갔다. 한참이 지나도 범수가 나오지 않자 수가는 문지기에게 물어보고 나서야 범수가 바로 장록임을 알게 되었다. 이윽고 범수가 나타나자 수가는 엎드려 머리를 조아리며 용서를 구하였다.

범수가 물었다.

"너의 죄는 어느 정도나 되는지 네가 알고 있느냐?"

"저의 머리털을 뽑아 잇는다 해도 제가 지은 죄의 길이에는 미치지 못합니다(擢賈之髮 以續賈之罪 尙未足)."

그러자 범수가 꾸짖었다.

"너의 죄는 꼭 세 가지가 있다. 옛날 초나라 소왕(昭王) 때, 신포서(申包胥)가 초나라를 위해 오(吳)나라 군사를 격퇴시켰다. 초나라 왕은 그에게 봉읍 5천 호를 주려고 했지만, 포서는 사양하고 받지 않았다.

그것은 조상의 묘가 형(荊)나라, 곧 초나라에 있었기 때문에 적을 그 땅에서 몰아낸 것에 지나지 않기 때문이다. 이와 마찬가지로 나의 조상 묘지가 위나라에 있기 때문에 내가 위나라에 대하여 두 마음을 품을 까닭이 없었을 것이다.

그런데도 너는 지난 날 나를 가리켜 제(齊)나라와 내통한다고 위나라 재상 위제(魏齊)에게 고자질했다. 이것이 네 죄의 하나다. 그리고 위제가 나를 변소 속에 가두어 넣고 욕을 보일 때도, 너는 이를 말리지 않았지. 이것이 너의 두 번째 죄다.

그러자 위제의 손님들이 술에 취해 번갈아 나에게 오줌을 누었다. 그러나 너는 이것도 모르는 체했다. 이것이 너의 세 번째 죄다. 그런데도 네가 죽음을 당하지 않게 되는 것은, 네가 명주 두루마기를 나에게 주면서 옛정을 못 잊어 하는 태도(綈袍戀戀)가 있었기 때문이다. 그래, 용서해 주마."

그리고 수가를 용서해 주고는 이렇게 말했다.

"너는 나를 대신하여 위나라 왕에게 가서 이렇게 전하라. '당장 위제의 목을 가지고 오라. 그렇지 않으면 당장에 대량(大梁)을 짓밟을 것이다.' 라고."

무가내하
無可奈何 어찌 奈

가히 어찌할 수 없다는 말.

범수가 진(秦)나라 재상이 되었을 때 왕계라는 사람이 있었다. 그는 일찍이 범수를 도와준 적도 있고, 또 범수를 진나라에 데려온 사람이기도 했지만, 벼슬은 한 번도 승진을 하지 못해서 아직도 원래의 관직에 머물러 있었다.

이에 왕계는 범수에게 이렇게 말했다.

"알 수 없는 일이 세 가지가 있으며, 어찌할 수 없는 일도 세 가지가 있습니다(事有不可知者三 有不可奈何者亦三). 그 알 수 없는 일 중 하나는 임금이 어느 날 갑자기 붕어하는 것이고, 둘째는 혹시 재상께서 갑자기 세상을 떠나는 것이며, 셋째는 내가 어느 날 산골짜기에서 죽을지 알 수 없는 것입니다. 그리고 세 가지 어찌할 수 없는 일이란, 임금이 붕어할 때 나를 원망해도 할 수 없고(君雖恨于臣 無可奈何), 재상께서 세상을 떠날 때 나를 원망해도 할 수 없으며, 내가 갑자기 죽게 되어 재상께서 나를 원망해도 그 역시 할 수 없는 일이지요."

이 말을 듣고 범수는 매우 불쾌해서 진소왕 앞에 나가 왕계의 관직을 올려줄 것을 상주해 왕계는 그제야 비로소 하동수

(河東守)로 진급되었다고 한다.

이「불가내하(不可奈何)」라는 말은《사기》이전에《장자》인간세편에도 나온다.

공자가 말했다.

"어찌할 수 없다는 것을 운명에 결정된 대로 편안히 행하는 것이 지극히 덕스런 품성이다(知其不可奈何而安之若命 德之至也)."

사시지서 성공자거
四時之序 成功子去

차례 序 갈 去

네 계절이 바뀌는 것처럼 공로를 이룬 사람은 떠나는 것이다. 공을 이루고 명성을 얻은 자는 춘하추동의 계절이 차례로 바뀌어 가듯이, 깨끗이 그 자리를 후진에게 물려주어야 한다는 뜻.

「사시지서(四時之序)」란 춘하추동이 변함없이 돌고 도는 것을 말한다. 봄은 제 할 일 다 하고 나면 여름에게 넘겨준다. 여름도 제 역할을 다 하면 가을에게 양보한다. 가을과 겨울도 그 주역의 자리를 그렇게 하고 사라진다. 자연의 순환이요 우주의 섭리이다.

수가(須賈)의 모함을 받아 거의 죽을 뻔한 범수는 나중에 이름도 장록(張祿)으로 고쳐 진(秦)나라에 가서 신임을 얻어 재상이 되었다. 그는 정치를 훌륭하게 하여 마침내 진나라를 강국으로 만들었다.

그러나 진나라 승상이 된 범수(范雎)도 차츰 실수를 저지르기 시작했다. 게다가 진소왕(秦昭王)의 신임마저 날로 엷어져 가고 있었다. 이 소문을 들은 채택(蔡澤)이 그의 뒤를 물려받을 생각으로 진나라로 향하게 된다. 그는 진나라에 도달하기 전 도중에 도둑을 만나 가지고 있던 여행 도구까지 다 도난당하고 말았다.

함양에 도착한 채택은 소문을 퍼뜨려 범수의 귀에 들어가게 한다.

"연나라 사람 채택은 천하의 호걸이요 변사다. 그가 한번 진왕을 뵙게 되면 왕은 재상의 자리를 앗아 채택에게 주게 될 것이다."

범수는 채택을 불러들여 불쾌한 태도로 물었다.

"당신이 날 대신해 진나라 승상이 된다고 했다는데, 그게 사실이오?"

"그렇습니다."

"어디 그 이야기를 한번 들어 봅시다."

이리하여 채택은 이론을 전개하기 시작했다.

"공은 어찌 그것을 아직도 모르신단 말입니까. 네 계절이 바뀌는 것처럼 공로를 이룬 사람은 차례로 교체되는 법입니다(凡夫四時之序 成功者去). 무릇 사람이 태어나서 오체(五體)가 건강하고 수족이 말을 잘 들으며, 눈·귀가 밝고, 마음이 성스럽고 지혜로운 것이 선비 된 사람의 소원이 아니겠습니까?"

채택은 마침내 범수를 설득시켜 그로 하여금 그 자리를 물러나야 되겠다는 것을 느끼게 했다.

범수의 추천으로 진나라의 재상이 된 채택은 몇 달이 다 가지 않아 자기를 모략하는 사람이 있자, 자기가 범수에게 권했듯이 곧 병을 핑계로 자리를 내놓는다. 그리하여 진나라에서 편안히 여생을 보내며, 가끔 사신으로 외국에 다녀오곤 했다.

일반지덕필상 애자지원필보
一飯之德必償 睚眦之怨必報

밥 飯 덕 德 갚을 償 흘겨볼 睚 흘길 眦 원망할 怨 갚을 報

밥 한 술 얻어먹은 자그마한 은혜도 잊지 않고 반드시 갚으며, 남이 눈 한 번 흘긴 자그마한 원수도 잊지 않고 반드시 갚는다.

범수(范睢)는 위나라 사람으로 자(字)를 숙(叔)이라 했다. 제후들을 유세(遊說)하고 싶었으나 집이 가난한 탓으로 여비가 없어 길을 떠나지 못하고, 위나라 왕을 섬길 생각이었으나, 그마저 통할 길이 없어 우선 중대부(中大夫) 수가(須賈)의 밑에서 일을 보고 있었다.

어느 해, 수가가 위나라 소왕(昭王)의 명령으로 제나라에 사신으로 가는 길에 범수도 함께 따라가게 되었다.

제왕과 회담하는 자리에서 수가가 미처 대답을 못해 당황하면 범수가 대신 대답을 하곤 했다. 제왕은 범수의 재주를 아껴 그를 제나라에 머물러 있게 하고 싶었으나 사신으로 따라온 사람이라 그럴 수도 없고, 뒷날을 약속하는 고기와 술과 금 열 근을 보내 왔다. 범수는 금은 사양하고 술과 고기만을 받았다.

이 사실을 안 수가는 귀국하자 위제(魏齊)에게 범수가 수상하다고 일러바쳤다. 성질이 급한 위제는 당장 범수를 잡아들였다. 무슨 비밀을 제나라에 일러주었느냐고 문초하기 시작했다.

범수는 맞아 이가 부러지고 갈비뼈가 부러졌다. 범수가 죽은 시늉을 하고 있자 거적에 싸서 헛간에 놓아두고 술 취한 손들을 시켜 범수의 시체 위에 오줌을 누게 했다. 범수는 자기를 지키고 있는 사람을 매수해서, 위제의 승낙을 얻어 들판에 갖다 버리게 한 다음, 친구 정안평(鄭安平)의 집으로 가 숨어 있었다.

얼마 후 진나라 사신으로 온 왕계(王稽)의 도움으로 몰래 진나라로 들어온 다음, 마침내 진소왕(秦昭王)을 만나 당면한 문제와 「원교근공(遠交近攻)」의 외교정책 등을 말함으로써 일약 현임 재상을 밀어내고 진나라의 재상이 된다.

범수는 재상이 된 뒤 진소왕에게 위나라를 치도록 권하였다. 이에 당황한 위나라에서는 수가를 진나라에 파견하여 군사를 거두어 줄 것을 교섭하게 하였다.

이때 범수는 거지 모양을 해가지고 수가가 투숙한 빈관으로 찾아갔다. 범수를 알아본 수가는 그를 불쌍히 여겨 비단옷 한 벌을 선사하였다.

얼마 후 범수가 다름 아닌 진나라 승상이라는 것을 알게 된 수가는 웃통을 벗은 채 꿇어앉아 사죄하였다. 그러나 범수는 그 자리에서 수가에게 성대한 연회를 베풀어 놓고 각국 사신들 앞에서 수가의 죄악을 일일이 따져 물었다.

동시에 위나라의 재상 위제의 머리를 베어 오지 않는다면 위나라의 국토마저 짓밟아 버리겠다고 위협하였다. 이에 위제는 여러 나라로 피신했으나 아무도 그를 받아주는 곳이 없자 할 수 없이 자결하고 말았다는 것이다.

이처럼 범수는 개인의 이득을 위해 조국을 배신한 사람이었지만, 당시 사람들은 그를 가리켜 "사랑과 증오가 분명한 사람."이라고 칭찬하였다.

그리고 범수는 "밥 한 술 얻어먹은 자그마한 은혜도 잊지 않고 반드시 갚으며 남이 눈 한 번 흘긴 자그마한 원수도 잊지 않고 반드시 갚는다(一飯之德必償 睚眦之怨必報)."고 하였다.

여기에서 나온 성구가 「일반지은(一飯之恩)」과 「애자필보(睚眦必報)」다.

遠交近攻 (원교근공)

멀 遠 사귈 交 가까울 近 칠 攻

먼 나라와 친교를 맺고 가까운 나라를 공격함.

「원교근공」은 멀리 떨어진 나라와는 친하게 지내고, 가까이 이웃하고 있는 나라는 이를 침략해 들어가는 외교정책을 말한다. 이것은 범수(范雎)가 진나라를 위해 창안한 외교정책이었는데, 강대국들이 흔히 사용하는 정책이다.

범수는 위나라 사람으로 자(字)를 숙(叔)이라 했다. 제후들을 유세(遊說)하고 싶었으나 집이 가난한 탓으로 여비가 없어 길을 떠나지 못하고, 위나라 왕을 섬길 생각이었으나 그마저 통할 길이 없어 우선 중대부(中大夫) 수가(須賈)의 밑에서 일을 보고 있었다.

훗날 진나라 사신으로 온 왕계(王稽)의 도움으로 마침내 진소왕(秦昭王)을 만나 당면한 문제와 「원교근공」의 외교정책 등을 말함으로써 일약 현임 재상을 밀어내고 진나라의 재상이 된다.

범수가 「원교근공」을 말한 대목을 소개하면 이렇다.

"……왕께선 멀리 사귀고 가까이 치는 것보다 좋은 방법은 없습니다. 한 치를 얻어도 왕의 한 치 땅이 되고, 한 자를 얻어도 왕의 한 자 땅이 됩니다. 이제 이를 버리고 멀리 공략을 한다면 어찌 틀린 일이 아니겠습니까(……王不如遠交而近攻 得寸則王之寸也 得尺亦王之尺也. 今釋此而遠攻不亦繆乎)."

恩讎分明 (은수분명)

은혜 恩 가릴 分 원수 讎

은혜와 원수를 분명히 한다는 뜻으로, 은혜를 준 자에게는 반드시 은혜로, 원한을 품게 한 자에게는 원한을 갚음을 이르는 말.

범수(范雎)가 "한 끼 밥을 신세진 정도의 작은 은혜도 반드시 갚고, 눈을 흘긴 정도의 사소한 원한도 반드시 보복하였다(一飯之德必償 睚眦之怨必報).”는 데서 이 고사가 나왔다.

擢髮難數(탁발난수) 뽑을 擢 터럭 髮 어려울 難 셈 數

일일이 뽑아내서 헤아리기 어렵다. 곧 지은 죄가 헤아릴 수 없이 많은 것을 비유하여 이르는 말.

전국시대 때 위(魏)나라의 중대부(中大夫) 수가(須賈)는 범수(范雎)를 대동하고 제(齊)나라에 사신으로 갔다. 제나라 양왕(襄王)은 수가보다 범수의 달변과 학식을 높이 평가하여 극진하게 예우하였다.

(수가와 범수의 이야기는 위에서 여러 번 언급했으므로 생략하기로 한다.)

수가는 범수에게 용서를 구하였다.

“저는 공께서 입신출세하셨음을 전연 모르고 있었습니다. 저는 이제 두 번 다시 천하의 글을 읽지 않을 것이며, 천하의 일에 관여하지 않겠습니다. 저에게는 솥에서 삶아져 죽음을 당할 정도의 큰 죄가 있는 까닭에 스스로 호락(胡貉 : 북적北狄)의 땅에 은퇴하고 싶습니다만, 살리는 것도 죽이는 것도 단지 상공의 뜻에 있을 뿐이십니다.”

“너의 죄는 어느 정도나 되는지 네가 알고 있느냐?”

"저의 머리털을 뽑아 잇는다 해도 제가 지은 죄의 길이에는 미치지 못합니다(擢賈之髮 以續賈之罪 尙未足)."

그러자 범수가 꾸짖었다.

"너는 나를 대신하여 위나라 왕에게 가서 이렇게 전하라. '당장 위제의 목을 가지고 오라. 그렇지 않으면 당장에 대량(大梁)을 짓밟을 것이다.' 라고."

여기서 유래하여 탁발난수는 헤아릴 수 없이 많은 죄악을 비유하는 말로 사용된다.

항룡유회 亢龍有悔

오를 亢 뉘우칠 悔

적정한 선에서 만족할 줄 모르고 무작정 밀고 나가다가 오히려 실패를 가져오게 됨의 비유.

「항룡」은 하늘 끝까지 올라간 용이란 뜻이다. 너무 자꾸만 올라가다가 하늘 끝에 가 닿아서 후회를 하게 된다는 것이 「항룡유회」다. 《주역(周易)》 건괘(乾卦) 맨 위에 있는 육효(六爻)의 효사(爻辭)에 있는 말이다.

주역의 64괘(卦)는 각각 여섯 개의 효(爻)로 되어 있는데, 괘 전체에 대한 괘사(卦辭)가 있고, 각 효마다 「효사」가 있다. 맨 아래 있는 효는 지위가 가장 낮다든가, 일을 처음 시작한다든가 하는 뜻이고, 맨 위에 있는 효는 극도에까지 미친 것을 말한다.

채택은 연(燕)나라 사람이다. 여러 곳에 유학하였고, 벼슬을 얻기 위해 무수한 제후를 찾아다녔으나 뜻을 이루지 못했다. 그래서 당거(唐擧 : 위나라의 관상쟁이)라는 사람에게서 관상을 보기로 했다. 당거는 채택을 자세히 살펴보더니 웃으면서 말했다.

"선생은 코가 위를 향했고, 폭이 넓은데다가 얼굴에 위엄이 있고 비근(鼻筋)이 좁소. 게다가 다리는 활처럼 휘었소이다. '성인(聖人)은 관상을 볼 수가 없다.' 고 했는데, 아마 선생과 같은 분을 가리키는 말일 것이오."

채택은 당거가 농담을 한다고 생각되어 이렇게 말했다.

"부귀는 내가 본래부터 가지고 있는 거요. 내가 모르는 것은 수명뿐입니다. 그것이나 좀 봐주시구려."

그러자 당거가 말했다.

"선생의 수명은 앞으로 43년입니다."

채택은 웃으며 예를 하고 그 자리를 떠나 마부에게 말했다.

"좋은 밥에 고기를 먹고, 말을 몰아 뛰어다니며, 황금 관인(官印)을 가슴에 품고, 보라색 인대를 허리에 찬 그런 부귀한 생활이라면 앞으로 43년으로도 충분하다."

그 당시 앞서 응후(범수)가 추천했던 정안평과 왕계 두 사람 모두 진나라에 중죄를 범하였으므로 응후가 내심 불안해 있다는 말을 듣자, 채택은 진나라로 갔다. 소왕을 알현하기 위해 채택은 우선 응후를 격분시켜야겠다고 생각해서 응후를 만나 이렇게 말했다.

"공은 어찌 그것을 아직도 모르신단 말입니까. 네 계절이 바뀌는 것처럼 공로를 이룬 사람은 차례로 교체되는 법입니다(凡夫四時之序成功者去). 무릇 사람이 태어나서 오체(五體)가 건강하고 수족이 말을 잘 들으며, 눈・귀가 밝고, 마음이 성스럽고 지혜로운 것이 선비 된 사람의 소원이 아니겠습니까? 지금 공께서는 이미 남에게 받은 원한과 은혜는 갚을 만큼 갚았으며 바라는 바를 성취했습니다. 그런데도 아직 변화에 따르려고 하지 않는 것은 공을 위해 제가 찬성할 수 없는 일입니다. 자리를 떠나는 것이 아까워서 결단을 내리지 못하신다면, 틀림없이 저 네 사람과 같은 화가 있을 것입니다. 《역경(易經)》에 '끝까지 올라간 용(龍)은 후회할 것이다(亢龍有悔)' 라고 했습니다. 이것은 올라가기만 할 뿐 내려올 수가 없고, 펴기만 할 뿐 굽힐 줄 모르며, 가기만 할 뿐 돌아올 줄 모르는 사람을 가리키는 말입니다. 공께서 깊이 생각하시기 바랍니다."

마침내 범수는 재상의 자리를 채택에게 물려주고 은퇴했다.

그러나 채택 역시 진나라 재상이 되고 난 후 몇 달 만에 자기를 참언하는 사람이 있었으므로, 주살당할 것을 두려워하여 병이라 칭하고 재상의 인수를 돌려주었다.

범수와 채택

염파 · 인상여열전(廉頗藺相如列傳)

노 발 충 관
怒髮衝冠　　　　성낼 怒 터럭 髮 찌를 衝 갓 冠

노여움으로 격렬한 분노에 곤두선 머리털이 갓을 추켜올릴 만큼 몹시 성이 난 모습으로, 격노함을 이르는 말.

「노발충천(怒髮衝天)」이라고도 한다.

전국시대 조(趙)나라의 혜문왕(惠文王)이 화씨벽(和氏璧)이라는 귀중한 보물을 갖게 되었다. 이 소문을 듣고 명옥(名玉)에 탐이 난 진(秦)나라 소양왕(昭襄王)이 혜문왕에게 15개의 성(城)과 그 보물을 맞바꾸자고 하여 혜문왕은 인상여를 진나라에 사신으로 보냈다.

진의 소양왕은 큰 나라의 위세를 부리며 성을 내주지 않고 인상여가 가져간 화씨벽을 빼앗으려 하자 인상여는 진나라 소양왕의 무례한 행동을 크게 꾸짖었는데, "매우 분노하여 머리카락이 곤두서 갓이 벗어질 정도였다(怒髮上衝冠)." 고 전해진다.

머리털이 갓을 찌를 만큼 곤두서 있다는 뜻에서, 격렬하게 화가 난 모양을 비유하는 말이다.

완벽귀조
完璧歸趙　　전할 完 구슬 璧 돌아갈 歸 나라 趙

「완벽(完璧)」은 결점이 없이 훌륭함. 완전무결함을 이르는 말이다.

「完璧」의 벽(璧)은 고리 모양으로 다듬어 낸 질이 좋은 옥(玉), 따라서 「완벽」이란 티끌만한 흠도 없는 훌륭한 옥의 상태이며, "벽(璧)을 온전히 함."이라는 뜻으로, 훌륭한 것을 그대로 무사히 보전한다는 뜻이기도 하다.

나아가서 결점이 없는 훌륭한 것을 말하기도 하고, 완전무결하다는 형용사로도 쓰인다. 여기서 「완벽」은 "구슬을 온전히 하여 조나라로 돌아오다(完璧歸趙)."의 준 말이다.

이 완벽이란 말을 처음으로 쓴 사람은 전국시대 말기 조(趙)나라의 인상여(藺相如)란 사람이었다.

조나라 혜문왕은 당시 천하의 제일가는 보물로 알려져 있던 화씨벽(和氏璧)을 우연히 손에 넣게 되었다. 그러자 이 소문을 전해들은 진나라 소양왕(昭陽王)이 열다섯 개의 성(城)을 줄 테니 화씨벽과 맞바꾸자고 사신을 보내 청해 왔다.

진나라의 속셈은 뻔했다. 구슬을 먼저 받아 쥐고는 성은 주지 않을 작정이었다. 그러나 조나라로서는 그렇다고 이를 거절하면 거절한다고 진나라에서 트집을 잡을 것이 또한 분명했다.

이럴 수도 저럴 수도 없어 중신회의에서도 결론을 내리지 못하고 있을 때, 환자령(宦者令) 유현이 그의 식객으로 있는 인상여를 추천했다. 혜문왕은 인상여를 불러 대책을 물었다. 그러자 그는 이렇게 말했다.

"조나라가 거절하면 책임은 조나라에 있고, 진나라가 속이면 책임은 진나라에 있습니다. 이를 승낙하여 책임을 진나라에 지우는 것이 옳을 줄 아옵니다."

"그럼 어떤 사람을 사신으로 보내면 좋을는지?"

"마땅한 사람이 없으면 신이 구슬을 가지고 가겠습니다. 성이 조나라로 들어오면 구슬을 진나라에 두고, 성이 들어오지 않으면 신은 구슬을 온전히 하여 조나라로 돌아올 것을 책임지고 말씀드리겠습니다(……城不入 臣請完璧歸趙)."

이리하여 인상여는 화씨벽을 가지고 진나라로 가게 되었다. 소양왕은 구슬을 보고 크게 기뻐하며 좌우 시신들과 후궁의 미인들에게까지 돌려가며 구경을 시켰다.

인상여는 진왕이 성을 줄 생각이 없는 것을 눈치 채자 곧 앞으로 나아가 말했다.

"그 구슬에는 티가 있습니다. 신이 그것을 보여 드리겠습니다."

인상여는 구슬을 받아 드는 순간 뒤로 물러나 기둥을 의지하고 서서 왕에게 이렇게 말했다.

"조나라에서는 진나라를 의심하고 구슬을 주지 않으려 했었습니다. 그런 것을 신이 굳이 진나라 같은 대국이 신의를 지키지 않을 리 없다고 말하여 구슬을 가져오게 된 것입니다. 구슬을 보내기에 앞서 우리 임금께선 닷새를 재계(齋戒)를 했는데, 그것은 대국을 존경하는 뜻에서였습니다.

그런데 대왕께선 신을 진나라 신하와 같이 대하며 모든 예절이 정중하지 못했을 뿐만 아니라, 구슬을 받아 미인에게까지 보내 구경을 시키며 신을 희롱하셨습니다.

신이 생각하기에, 대왕께선 조나라에 성을 주실 생각이 없으신 것 같습니다. 그러므로 신은 다시 구슬을 가져가겠습니다. 대왕께서 굳이 구슬을 강요하신다면 신의 머리는 이 구슬과 함께 기둥에 부딪치고 말 것입니다."

머리털이 거꾸로 하늘을 가리키며 인상여는 구슬을 들어 기둥을 향해 던질 기세를 취했다. 구슬이 깨질까 겁이 난 소양왕은 급히 자신의 경솔했음을 사과하고 담당관을 불러 지도를 가리키며 여기서 여기까지 열다섯 성을 조나라에 넘겨주라고 지시했다.

그러나 모두가 연극이란 것을 알고 있는 인상여는 다시 이렇게 말했다.

"대왕께서도 우리 임금과 같이 닷새 동안을 목욕재계한 다음 의식을 갖추어 천하의 보물을 받도록 하십시오. 그렇지 않으면 신은 감히 구슬을 올리지 못하겠습니다."

이리하여 진왕이 닷새를 기다리는 동안 인상여는 구슬을 심복 부하에게 주어 샛길로 조나라로 돌아가도록 했다.

감쪽같이 속은 진왕은 인상여를 죽이고도 싶었지만, 점점 나쁜 소문만 퍼질 것 같아 인상여를 후히 대접해 돌려보내고 말았다. 결국 인상여는 "구슬을 온전히 하여 조나라로 돌아온(歸璧於趙)." 것이다.

布衣之交 (포의지교)

베 布 옷 衣 사귈 交

필부의 교제를 일컫는 말.

조나라 혜문왕 때, 왕은 초(楚)나라 화씨벽(和氏璧)을 손에 넣었다. 진나라 소왕(昭王)이 이 말을 듣자 사신을 파견하여 조나라 왕에게 말했다.

"청하건대 열다섯 개의 성과 화씨벽을 바꾸고 싶습니다."

그래서 위의 「완벽(完璧)」항에서 이야기했듯이, 인상여에게 화씨벽을 가지고 조나라로 보냈다. 그러나 조왕은 구슬만 받고 성은 주지 않을 것을 알아차린 인상여가 노한 얼굴로 진나라 왕을 꾸짖어 말했다.

“대왕은 구슬을 손에 넣으려고 조나라 왕에게 편지를 보냈습니다. 조나라 왕은 뭇 신하를 불러놓고 의논을 했습니다. 그러자 모두 ‘진나라는 욕심이 많은데다가 나라의 힘을 믿고 거짓말을 한 것인즉 성을 주지는 않을 것이다.’ 라고 말했습니다.

그래서 모두의 의견은 진나라에 구슬을 주지 말자는 데로 기울었지만, 저는 ‘필부(匹夫)의 교제에도 거짓은 없는 법입니다. 하물며 대국의 교제에 그런 일이 있겠습니까(布衣之交尙不相欺 況大國乎)? 어쨌든 조나라로서는 구슬 한 개로 강한 진나라를 거역하지 말아야 하며, 그 환심을 손상시키지 말아야 합니다.’ 라며 반대했습니다.

그리하여 조나라 왕은 재계(齋戒)하기 닷새, 저에게 명하여 구슬을 바치게 하고 편지를 진나라 조정에 드리도록 했습니다. 그렇게 한 것은 대국의 위광(威光)을 두려워하여 경의를 표하려는 뜻이 있기 때문입니다.

그런데 이제 와서 보니 대왕은 뭇 신하와 함께 저를 인견하시고, 그 의례는 심히 오만하셨습니다. 더구나 구슬을 손에 넣으시자마자 이것을 미인(美人 : 女官의 관명)들 손에 건네주시고 희롱하며 노셨습니다. 저로서는 대왕께서 그 구슬의 값으로 성을 떼어 조나라 왕에게 주시려는 생각이 없으신을 알아차리게 되었기 때문에 다시 구슬을 돌려받은 것입니다.

만약 대왕께서 끝까지 저를 강박하시면서 구슬을 빼앗으려고 하신다면 제 머리는 지금 이 구슬과 함께 기둥에 부딪쳐 깨져버리고 말 것입니다."

그리고는 위의 여러 항목에서도 보았듯이, 결국 인상여는 보물을 온전히 하여 조나라로 돌아왔다(完璧歸趙).

負荊請罪 (부형청죄)

질 負 가시나무 荊 청할 請 죄 罪

다른 사람에게 자신의 잘못을 인정하고 처벌을 요청함.

"가시나무를 등에 지고 죄를 청한다."라는 뜻으로, 자신의 잘못을 인정하고 처벌해줄 것을 자청한다는 말이다.

인상여가 화씨벽을 가지고 진나라 소양왕(昭陽王)을 만난 뒤 그 보물을 가지고 되돌아온 이야기는 위에서 여러 번 언급했다.

그 때 인상여는 진소왕에게 이렇게 말했다.

"진나라는 진 목공(秦繆公) 이래로 20여 명의 군주가 있었으나, 아직 맹약을 단호히 지킨 분은 없었습니다. 신은 실로 왕의 거짓을 보아 조나라를 저버릴까 두려워 사람을 시켜 화씨벽을 가지고 돌아가게 했으니, 샛길로 조나라에 이르렀을 것입니다.

진나라는 강하고 조나라는 약하니, 대왕께서 사신 한 명을 조나라에 보내자 조나라가 즉시 화씨벽을 받들고 왔습니다. 지금 강한 진나라가 먼저 열다섯 개의 성읍을 떼어 조나라에 준다면, 조나라가 어찌 감히 화씨벽을 붙잡고 대왕께 죄를 짓겠습니까?

신은 대왕을 속인 죄로 죽어 마땅함을 알고 있으니, 신을 가마솥에 삶아 죽이시기를 청하며, 다만 대왕께서 여러 신하와 충분히 이를 상의해주십시오."

진 소양왕과 여러 신하는 서로 바라보며 놀란 목소리를 냈다. 측근 가운데 어떤 자는 인상여를 밖으로 끌어내려 했는데 진 소양왕이 말했다.

"지금 인상여를 죽여도 끝내 화씨벽을 얻을 수 없고 진나라와 조나라의 우호가 끊어질 것이니, 차라리 후하게 대우하여 돌려보내는 게 나으니, 조왕이 어찌 화씨벽 하나로 진나라를 속이겠는가!"

마침내 인상여를 조정으로 맞이하고 예의를 마치고 돌려보냈다.

귀국하자 조왕은 인상여가 너무도 고맙고 훌륭하게 보여서 그를 상경(上卿)에 임명했다.

그렇게 되자 염파보다 지위가 위가 되었다. 염파는 화가 치밀었다.

“나는 조나라 장군으로서 성을 치고 들에서 싸운 큰 공이 있는 사람이다. 인상여는 한갓 입과 혀를 놀림으로써 나보다 윗자리에 오르다니 이는 용납할 수 없는 일이다. 상여를 만나면 반드시 모욕을 주고 말겠다.”

이 소문을 들은 인상여는 될 수 있으면 염파를 만나지 않으려 했다. 조회 때가 되면 항상 병을 핑계하고 염파와 자리다툼하는 것을 피했다. 언젠가 인상여가 밖으로 나가다가 멀리 염파가 오는 것을 보자 옆 골목으로 피해 달아나기까지 했다.

이런 광경을 본 인상여의 부하들은 인상여의 태도가 비위에 거슬렸다. 그들은 상의 끝에 인상여를 보고 말했다.

“우리들이 이리로 온 것은 대감의 높으신 의기를 사모해서였습니다. 그런데 염장군이 무서워 피해 숨는다는 것은 못난 사람들도 수치로 아는 일입니다. 저희들은 이만 물러가겠습니다.”

인상여는 그들을 달랬다.

“공들은 염장군과 진왕 가운데 누가 더 대단하다고 생각하는가?"

"그야 진왕과 어떻게 비교가 되겠습니까?"

"그 진왕의 위력 앞에서도 이 인상여는 그를 만조백관이 보는 앞에서 꾸짖었소. 아무리 내가 우둔하기로 염장군을 무서워할 리가 있소. 진나라가 우리 조나라를 함부로 넘보지 못하는 것은 염장군과 내가 있기 때문이오. 두 호랑이가 맞서 싸우면 하나는 반드시 죽고 마는 법이오. 내가 달아나 숨는 것은 나라 일을 소중히 알고, 사사로운 원한 같은 것은 뒤로 돌려버리기 때문이오."

그 뒤 이 소식을 전해들은 염파는 자신의 못남을 뼈아프게 느꼈다. 웃옷을 벗어 매를 등에 지고 사람을 사이에 넣어 인상여의 집을 찾아가 무릎을 꿇고 사죄했다.

"못난 사람이 장군께서 그토록 관대하신 줄 미처 몰랐습니다."

이리하여 두 사람은 다시 친한 사이가 되어 죽음을 함께 해도 마음이 변하지 않는 그런 사이가 되었다(卒相與驩 爲刎頸之交).

인상여도 위대하지만, 자기의 잘못을 뉘우치고 순식간에 새로운 기분으로 돌아가 깨끗이 사과를 하는 염파의 과감하고 솔직한 태도야말로 길이 우리의 모범이 아닐 수 없다.

이 이야기가 서술되는 마지막 부분에서 “염파는 웃옷을 벗어 매를 등에 지고 인상여의 집을 찾아가서 사죄하였다. 이에 장군과 국상은 화해하고 문경지교를 맺게 되었다(廉頗肉袒負荊 至藺相如門謝罪 卒相與驩 爲刎頸之交).”라고 쓰고 있다.

「육단부형(肉袒負荊)」이라고도 한다. 그리고 생사를 같이할 수 있는 친구 사이를 가리켜「문경지교(刎頸之交)」라고도 한다.

문경지교 刎頸之交

목 벨 刎 목 頸

생사를 같이하여 목이 떨어져도 두려워 않을 만큼 친한 사이. 문경(刎頸)은 목을 벤다는 뜻이다. 「문경지교」는 곧 서로 죽음을 같이할 수 있는 의기가 상통하는 사이를 말한다.

인상여가 화씨벽(和氏璧)을 가지고 돌아오자 조왕은 그를 상대부(上大夫 : 대신급)에 임명했다. 벼락출세를 한 것이다.

진나라는 그 뒤 조나라를 여러 차례 친 끝에 사신을 보내 조나라와 화친을 맺고 싶다면서 양국 국경 가까이 있는 면지에서 만나자고 통고를 해 왔다. 조왕은 어떤 불행이 기다리고 있을 것만 같은 생각에 이를 거절하려 했다.

그러나 장군 염파와 인상여는, 「왕께서 가시지 않으면 조나라가 약하다는 것을 보여 주게 됩니다」 하고 가기를 권했다.

이리하여 인상여가 조왕을 수행하고 염파가 나라를 지키기로 한 다음 염파는 왕을 국경까지 호송하고 작별에 앞서, "왕복 한 달이면 돌아오실 수 있습니다. 그때까지 돌아오시지 않을 때는 태자를 왕위에 올려 진나라의 야심을 사전에 막았으면 합니다."

왕은 승낙했다. 모두 최악의 사태를 각오하고 떠나는 길이었다. 면지에서 회견이 끝나고 술자리가 베풀어졌을 때, 진왕은 조왕에게 거문고를 한 곡 켜 달라고 청했다. 조왕이 마지못해 한 곡을 마치자, 진나라 어사가 앞으로 나와, 「아무 해, 아무 달, 아무 날 진왕이 조왕과 만나 술을 마시며 조왕에게 거문고를 타게 했다」 라고 기록했다. 조왕에게 모욕을 주려는 계획된 행동이었다.

그러자 인상여가 앞으로 나아가, "서로 주고받는 것이 예의이니, 이번에는 진왕께서 우리 임금을 위해 진나라 음악을 한번 들려주십시오." 하고 부(缶 : 질그릇 악기)를 진왕에게로 내밀었다.

진왕은 얼굴에 노기를 띠고 응하지 않았다. 인상여는 다시

부를 진왕의 코앞에 바짝 들이밀고 청했다. 진왕은 여전히 부를 칠 뜻이 없었다. 인상여는 말했다.

"지금 대왕과 나 사이는 불과 다섯 걸음밖에 안됩니다. 나는 내 목의 피로 대왕의 옷을 물들일까 합니다. 어서 치십시오."

내 손에 죽을 수도 있다는 위협이었다. 진왕을 모시고 있던 시신들이 인상여를 칼로 내려치려 했다. 인상여는 눈을 부릅뜨고 소리쳐 꾸짖었다. 그들은 겁에 질려 옆으로 피했다. 진왕도 기가 꺾여 마지못해 부를 치며 한 곡을 치는 둥 마는 둥 끝냈다.

인상여는 조나라 어사를 불러,「아무 해, 아무 달, 아무 날, 진왕이 조왕을 위해 부를 쳤다.」고 기록하게 했다. 진나라 신하들은 멋쩍은 태도로, "조나라에 열다섯 성을 바치고 진왕의 장수를 베십시오." 하고 말했다.

그러자 인상여는 얼른, "진나라 함양(咸陽 : 수도)을 바치고 조왕의 장수를 베십시오." 하고 받아넘겼다.

진왕은 끝내 조나라를 누를 수가 없었다. 무력으로 어떻게 해볼까도 생각했으나, 조나라에서 이미 만일에 대비한 모든 준비가 되어 있는 것을 알자 감히 손을 대지 못했다.

귀국하자 조왕은 인상여가 너무도 고맙고 훌륭하게 보여서 그를 상경(上卿)에 임명했다. 그렇게 되자 염파보다 지위가 위가 되었다. 염파는 화가 치밀었다.

"나는 조나라 장군으로서 성을 치고 들에서 싸운 큰 공이 있는 사람이다. 인상여는 한갓 입과 혀를 놀림으로써 나보다 윗자리에 오르다니, 이는 용납할 수 없는 일이다." 하고 다시, "상여를 만나면 반드시 모욕을 주고 말겠다." 라고 선언했다.

이 소문을 들은 인상여는 될 수 있으면 염파를 만나지 않으려 했다. 조회 때가 되면 항상 병을 핑계하고 염파와 자리다툼하는 것을 피했다. 언젠가 인상여가 밖으로 나가다가 멀리 염파가 오는 것을 보자 옆 골목으로 피해 달아나기까지 했다.

이런 광경을 본 인상여의 부하들은 인상여의 태도가 비위에 거슬렸다. 그들은 상의 끝에 인상여를 보고 말했다.

"우리들이 이리로 온 것은 대감의 높으신 의기를 사모해서였습니다. 그런데 염장군이 무서워 피해 숨는다는 것은 못난 사람들도 수치로 아는 일입니다. 저희들은 이만 물러가겠습니다."

그러자 인상여가 그들에게 말했다.

"공들은 염장군과 진왕 중 어느 쪽이 더 대단하다고 생각하는가?"

"그야 진왕과 어떻게 비교가 되겠습니까?"

"그 진왕의 위력 앞에서도 이 인상여는 그를 만조백관이 보는 앞에서 꾸짖었소. 아무리 내가 우둔하기로 염장군을 무서워할 리가 있소. 진나라가 우리 조나라를 함부로 넘보지 못하는 것은 염장군과 내가 있기 때문이오. 두 호랑이가 맞서 싸우면 하나는 반드시 죽고 마는 법이오. 내가 달아나 숨는 것은 나라 일을 소중히 알고, 사사로운 원한 같은 것은 뒤로 돌려버리기 때문이오."

그 뒤 이 소식을 전해들은 염파는 자신의 못남을 뼈아프게 느꼈다. 웃옷을 벗어 매를 등에 지고 사람을 사이에 넣어 인상여의 집을 찾아가 무릎을 꿇고 사죄했다. {☞ 부형청죄(負荊請罪)}

"못난 사람이 장군께서 그토록 관대하신 줄을 미처 몰랐습니다."

이리하여 두 사람은 다시 친한 사이가 되어 죽음을 함께 해도 마음이 변하지 않는 그런 사이가 되었다(卒相與驩 爲刎頸之交)」

인상여도 위대하지만, 자기의 잘못을 뉘우치고 순식간에 새로운 기분으로 돌아가 깨끗이 사과를 하는 염파의 과감하고 솔직한 태도야말로 길이 우리의 모범이 아닐 수 없다.

약 교 주 이 고 슬 이
若膠柱而鼓瑟耳 아교 膠 기둥 柱 두드릴 鼓 큰거문고 瑟

마치 기둥을 아교로 붙여두고 거문고를 타는 것과 같다.

규칙에 얽매여 융통성이 없음. 고집불통.

고집불통인 사람을 보고 「교주고슬(膠柱鼓瑟)」이라고 한다. 거문고 줄을 가락에 맞추어 타려면 줄을 받치고 있는 기둥을 이리저리 옮겨야만 된다. 그런 것을 한 번 가락에 맞추었다 해서 아예 기둥을 아교풀로 꽉 붙여버리면 다시는 가락에 맞는 소리를 낼 수가 없다.

아무리 혼자 "틀림없이 가락에 맞추어 두었는데……틀림없이 제대로 소리가 날 텐데……." 하고 중얼거려 보았자, 제 소리가 날 리 만무다.

이와 같이 한번 무슨 일에 성공했다고 해서 언제나 그 방법이 성공하는 길인 줄 알고, 때와 장소에 따라 뜯어고칠 줄을 모르면 영영 다시는 성공의 가망이 없는 것이다. 그거야말로 기둥을 풀로 붙여놓고 거문고를 타는 격이다. 고(鼓)는 북이란 뜻이 아니고 여기서는 탄다는 뜻이 된다.

조나라 명장 조사(趙奢)의 아들 괄(括)에 대한 이야기다. 그는 어릴 때부터 병서(兵書)에 밝아 가끔 아버지와 용병(用兵)에 관해 토론을 하면 아버지가 이론에서 몰리곤 했다.

조사의 부인이 아들이 그같이 총명한 것을 보고 장군의 집에 장군이 났다면서 기뻐하자, 조사는 부인에게 이렇게 타일렀다.

"전쟁이란 죽고 사는 마당이오(兵死地也). 이론만으로 승부가 결정되는 것은 아니요. 그런 것을 철없이 이론만 가지고 가볍게 이러니저러니 하는 것은 장수로서 가장 삼가야 할 일이오. 앞으로 괄이 대장이 되는 날 조나라는 망하는 변을 당하게 될 것이오. 부디 대장이 되는 일이 없도록 하시오."

그 뒤 진나라가 조나라를 침략해 왔다. 명장 염파가 나아가 싸웠으나 자주 싸움이 불리했다. 염파는 힘이 모자라는 것을 알자 진지를 굳게 다지고 방어에만 힘을 썼다. 진나라는 어떻게 해볼 도리가 없어 반간(反間 : 첩자)을 들여보내 헛소문을 퍼뜨렸다.

"진나라 사람은 조사의 아들 조괄이 조나라 대장이 되면 어쩌나 하고 겁을 먹고 있다. 염파는 이제 늙어서 싸움을 회피만 하고 있기 때문에 조금도 두렵지가 않다."

이 반간의 헛소문에 귀가 솔깃해진 조나라 왕은 염파 대신 조괄을 대장에 임명하려 했다.

그때 인상여가 이렇게 반대했다.

"왕께서 이름만 듣고 조괄을 쓰려 하시는 것은 마치 기둥을 아교로 붙여두고 거문고를 타는 것과 같습니다(王以名使括若膠柱而鼓瑟耳). 괄은 한갓 그의 아비가 전해준 책을 읽었을 뿐 때에 맞추어 변통할 줄을 알지 못합니다."

그러나 임금은 인상여의 말을 듣지 않고 조괄을 대장에 임명했다.

조괄은 대장이 되는 그날로 자기가 배워 알고 있는 병서의 가르침에 따라서 전부터 내려오는 군령들을 모조리 뜯어고쳤다. 그리고 참모들이 말하는 작전 의견을 하나하나 병법을 들어 반박하고 자기주장대로 밀고 나갔다.

이리하여 실전 경험이 전혀 없는 조괄은 이론만의 작전을 감행한 끝에 40만이란 대군을 몰살당하는 중국 역사상 최악의 참패(장평대전)를 가져오고 말았다. 학벌이나 지식을 뽐내는 애송이 상관을 모시는 실제 경험자들의 고충이 바로 이런 것일 게다.

兵死地也 (병사지야)

전쟁 兵 죽을 死 땅 地

전쟁은 죽느냐 사느냐가 걸린 곳이다.

병(兵)은 여러 가지 뜻이 있다. 군대란 뜻과 무기란 뜻, 전쟁이란 뜻도 있다. 여기서는 전쟁이란 뜻이 강하다. 그러나 전부를 합친 것으로 보는 것도 좋을 것 같다. 그것이 한자의 특색이다.

즉 군대니 전쟁이니 하는 것은 죽느냐 사느냐 하는 문제가 걸려 있는 곳이란 뜻이다.

전국시대 말기 조(趙)나라에 조사(趙奢)라는 명장이 있었다. 조사는 원래 세무관리였다. 식객을 3천이나 거느린 유명한 사군(四君) 중의 한 사람인 평원군(平原君)이 세금을 내지 않았다. 조사가 독촉을 했으나 아랫사람이 평원군의 세도를 믿고 이를 거부했다.

조사는 법으로 그들을 다스렸다. 국법을 어기고 조세를 횡령했다는 죄목으로 아홉 사람을 처형했다. 왕의 친동생이었고 또 재상이었던 평원군은 조사의 방약무인한 태도에 분노를 참을 수가 없어 당장 조사를 잡아다가 물고를 내려고 했다.

조사는 성난 평원군에게 태연한 모습으로 이렇게 말했다.

"조나라의 공자이신 군께서 나라의 법을 시행치 않는다면 법은 곧 그 권위를 잃게 됩니다. 법이 권위를 잃으면 나라는 곧 약해지고 맙니다. 나라가 약해지면 제후들이 곧 침략해 올 테니 그때는 조나라는 없어져버립니다. 그때 군께서는 오늘의 부귀를 어떻게 누릴 수 있겠습니까?"

원래 도량이 넓기로 유명한 평원군은 곧 잘못을 사과하고,

그를 나라의 세금을 맡아 다스리는 장관으로 추천했다. 조사가 장관이 되는 그 날로 권문세가의 탈세행태가 일소되고, 가난한 백성들에 대한 세금이 훨씬 가벼워지며 국고 수입은 훨씬 늘게 되었다.

그 뒤 진나라가 한나라를 치기 위해 조나라 알여(閼與)로 침입해 왔다. 조왕은 염파를 비롯하여 많은 대장 대신들을 모아놓고 차례로 알여를 구원할 수 있느냐고 물었다. 모두 길이 멀고 좁고 험해서 구원하기 어렵다고 대답했다.

그러나 조사만은 이렇게 대답했다.

"길이 멀고 좁고 험하다는 것은 비유하면 두 쥐가 구멍 안에서 싸우는 것과 같은 것으로 용맹한 쪽이 이기기 마련입니다."

그래서 왕은 조사를 대장으로 임명하여 알여를 구원하게 했다. 조사는 여기에서 강한 진나라 군사를 맞아 크게 승리를 거둠으로써 일약 천하에 명성을 떨치게 되었고, 돌아와 재상과 동급인 지위에 오르게 되었다.

그런데 조사에게는 조괄(趙括)이라는 아들이 있었다. 어릴 때부터 병서를 좋아해서 아버지 조사와 병법을 놓고 토론을 하면 조사가 항상 이론에 밀리곤 했다. 그러나 한 번도 아들을 칭찬하는 일이 없었다. 그 부인이 까닭을 묻자, 조사는 이렇게 말했다.

"전쟁은 죽는 곳이오. 그런데 괄은 그것을 쉽게 말하고 있소(兵死地也 而括易言之). 조나라로 하여금 괄을 대장으로 임명하지 않도록 하면 다행이거니와, 만일 기어코 대장으로 임명한다면 조나라 군사를 패하게 만들 사람은 괄이 될 것이오."

조사가 죽고 진나라가 다시 침략해 왔을 때, 조나라 왕은 조괄의 어머니의 반대 호소를 듣지 않고 그를 대장으로 임명했다. 과연 괄은 조사의 예언대로 크게 패했다. 조나라 군사 40만이 떼죽음을 당하고 조나라는 멸망의 길을 재촉하게 되었다.

책에서 배운 지식을 가지고 아는 체하는 사람 치고 실질적인 사업 면에 어둡지 않은 사람이 없는 것도 이런 이치에서일 것이다.

紙上談兵 (지상담병)

종이 紙 말씀 談 병법 兵

종잇장 위에서 병법을 말한다는 뜻으로, 실제를 떠난 공리공담(空理空談)을 이르는 말.

조괄이 장군 염파와 교체되자, 지금까지의 군령을 모조리 뜯어고치고 군리(軍吏)를 경질했다. 진나라 장군 백기(白起)는 이 말을 듣자 기병(奇兵)을 풀어 거짓 달아나는 시늉을 해 보이고 조나라 군사의 양도(糧道)를 끊어서 조나라 군사를 둘로 분단시켜버렸다.

조나라 군사는 사기가 떨어졌고 40여 일이나 굶었다. 조괄은 정병을 내어 몸소 싸웠으나 진나라 군사의 화살을 맞고 죽었다. 이렇게 해서 조나라 군사는 패했고, 수십만의 병사들은 마침내 진나라에 항복했다.

진나라는 이들을 모두 구덩이에 묻어 죽였다. 이 싸움 전후로 조나라가 잃은 병력은 무려 43만에 이르렀다.

이 고사는 자신의 지식만 믿고 나섰다가 낭패를 당한 경우이다. 결국 어설픈 지식은 한 번의 경험보다 못할 수도 있다는 것을 가르쳐 준다.

市道之交 (시도지교)

저자 市 도리 道

이해득실(利害得失)만의 사귐.

시도(市道)는 시장에서 거래하는 장사치의 도리라는 뜻으로, 이해득실에 따라 변하는 진실치 못한 사귐을 「시도지교」라 한다.

전국시대 조(趙)나라의 명장 염파(廉頗)에게는 식객(食客)이 많았다. 싸움에 나갔다 하면 이기고 돌아오곤 하여 왕으로부터 하사받은 땅과 재물이 넉넉하여 곧잘 식객들에게 술자리를 베풀고 어울려 놀았다.

왕의 절대적인 신임을 받던 그가 진(秦)나라와의 일전(一戰) 때 왕의 오해를 사게 되어 벼슬에서 쫓겨났다. 그러자 그의 식객들이 염파를 떠나버렸다.

조나라는 염파를 위문(尉文 : 읍명)에 봉하고 신평군(信平君)이란 호를 내리고 임시 재상에 임명했다. 앞서 염파가 장평에서 소환되어 세력을 잃었을 때 그전부터 있던 식객들은 모두 가버렸는데, 이제 임용되어 다시 장군이 되자 식객들은 또 다시 모여들었다. 그리고 전처럼 염파에게 아첨을 하며 구차스러운 짓을 하는 것이었다(阿諛苟容).

염파가 식객들을 보고 모두 가라고 하자, 그 중 한 사람이 말했다.

"상공은 아직도 이 이치를 깨닫지 못하셨습니까? 원래 천하 사람들은 모두 장삿속으로 교제하고 있는 것입니다(夫天下以市道交). 상공에게 세력이 있으면 상공을 따르고, 상공에게 세력이 없으면 상공에게서 떠나는 것이 당연한 이치가 아니겠습니까. 떠났다 하여 원망할 것이 무엇이 있겠습니까?"

「시도지교」와 반대되는 말로는 「관포지교(管鮑之交)」 「금석지교(金石之交)」, 「문경지교(刎頸之交)」가 있다.

杜門不出(두문불출)

막을 杜

문을 닫아걸고 집 안에만 틀어박혀 밖으로 나다니지 않음. 세상과 인연을 끊고 출입을 하지 않음.

조(趙)나라 북쪽 변방을 지키던 이목(李牧)이라는 장군의 일화가 실려 있다.

이목은 흉노가 쳐들어오면 성안으로 물러나 싸우지 않아, 흉노는 이목을 겁쟁이라 하였고, 조나라 병사들마저도 장군을 비겁하다고 생각하였다.

조나라 왕은 화가 나서 이목을 불러들이고 다른 사람을 장군으로 삼았다. 이로부터 일 년 남짓한 동안에 흉노가 쳐들어올 때마다 조나라 군대는 나가 싸웠지만 그때마다 불리하여 잃는 것이 많았고, 변방을 지키는 백성들은 농사를 짓거나 가축을 기를 수 없었다.

조나라 왕이 다시 이목을 불렀지만, 이목은 문을 걸어 닫고 나오지 않으며(牧杜門不出) 병을 핑계로 완강히 사양했다. 조나라 왕이 다시 강제로 그를 조나라 군대의 장군으로 임명했다.

이목이 말했다.

"왕께서 저를 꼭 기용하신다면 저는 앞서의 방침을 바꾸지 않는다는 조건으로 명령에 따르겠습니다."

왕은 그렇게 하도록 허락했다.

阿諛苟容(아유구용)　언덕 阿 아첨할 諛 구차히 苟 얼굴 容

남에게 아첨해 구차스럽게 굶. ☞「시도지교」

장평대전으로 40여만 명의 조나라 군사가 매장당했다

전단열전(田單列傳)

충신불사이군 정녀불갱이부
忠臣不事二君 貞女不更二夫 곧을 貞 재차 更

"충성된 신하는 두 임금을 섬기지 않고 절개가 있는 여자는 두 남편을 섬기지 않는다."

너무도 잘 알려져 있는 말이다.

이 말은 전국시대 제나라 충신 왕촉(王燭)이 옛날부터 전해 내려온 말을 인용해서 자기의 뜻을 밝힌 것인데, 이것이 뒷날 왕권과 남자의 지배권이 확립되면서 신하들과 여자들을 두고 강조된 나머지 마침내는 꼭 지켜야 할 가장 중요한 신조(信條)처럼 되고 말았다.

실상 공자나 맹자의 말씀에는 이 같은 도덕률이 지적되어 있는 곳이 전혀 없는 것에 주목해야 한다.

공자는 반란을 일으킨 사람과 손을 잡아 세상을 바로잡아 보려 한 일도 있었고, 맹자는 제선왕이 묻는 말에, 임금이 바른 말로 간해도 듣지 않으면 버리고 갈 수 없는 사람의 경우라면 임금을 갈아 치울 수도 있다는 말을 해서 선왕의 노여움을 산 내용이 《맹자》에 나와 있다.

권력을 쥔 지배자들이 자기들에게 유리한 도덕률이면 무조

건 공자 맹자가 가르친 것으로 내세운 탓으로 공자 맹자에 대한 생각이 달라진 경우도 적지 않다.

그러나 왕촉의 경우는 조금 달랐다. 제나라를 침략한 연나라 장군 악의(樂毅)가 그를 포섭하여 정치적으로 이용하려 했기 때문에 그것을 모면하기 위해 이 말을 인용했고, 결국은 자살에까지 이르고 말았던 것이다.

火牛計 (화우계)

소 牛 꾀 計

쇠꼬리에 불을 붙여 적을 공격한 계책.

전국시대 말기 제나라 전단(田單)이 쓴 전법에 「화우계」란 것이 있었다. 쇠꼬리에 불을 붙여 어두운 밤중에 잠들어 있는 적의 진지를 습격해 들어가 적을 혼란에 빠뜨림으로써 멸망 직전에 있던 제나라를 구출한 전무후무한 전법이었다.

연소왕(燕昭王)은 악의(樂毅)를 총대장으로 이웃나라의 도움을 빌어 제나라 70여 성을 다 함락시키고 망명 간 제민왕(齊湣王)을 죽게 만든 다음, 오직 즉묵(卽墨)과 거(莒) 두 성을 남겨둔 채 항복하기만을 기다리고 있었다.

그러자 소왕이 죽고, 즉묵에는 새 지도자로 민중들의 추대를 받아 전단이 등장하게 된다.

전단은 연나라를 이길 방법은 계략을 써서 악의를 제거하지 않으면 안 된다고 생각하고, 먼저 반간(反間 : 간첩)을 보내 새로 즉위한 연혜왕(燕惠王)으로 하여금 악의를 해임시키고 기겁(騎劫)이란 장수를 총대장으로 임명하게 한다.

전단은 다시 반간 공작에 의해 기겁으로 하여금 제나라 민중들을 흥분 단결시키는 무모한 짓을 하게 만든다. 그런 다음 곧 항복한다는 헛소문을 퍼뜨리며 성 안에 있는 부자들을 시켜 입성한 뒤에 잘 봐달라는 뇌물을 기겁에게 바치게 한다.

포위군은 총대장서부터 전 장병이 승리감에 도취되어 즉묵의 부자들이 보낸 소와 술로 마냥 마시며 밤늦게까지 즐겼다. 전단이 최후 돌격을 감행할 시간이 온 것이다.

전단은 미리 성 밑을 파서 적의 진지로 돌격할 수 있는 지하도를 여러 곳에 만들어 두고 있었다. 천여 마리의 소를 붉은 비단으로 옷을 만들어 입히고, 거기에 오색 용(龍) 그림을 그린 다음, 양쪽 뿔에 칼을 붙들어 매고 꼬리에는 기름이 묻은 갈대를 매달았다.

적이 술에 취해 깊은 잠에 빠졌을 한밤중에, 신장(神將)처럼 꾸민 장사 5천 명이 칼을 들고 소의 뒤를 따랐다. 성 밑 지하도를 통해 적의 진지 가까이로 가자 일제히 쇠꼬리에 불을 붙였다.

소는 꼬리가 뜨거워지자 성이 나서 미친 듯이 연나라 진지로 향해 달렸다.

요란한 소리에 겨우 잠이 깬 연나라 군사는 넋을 잃고 말았다. 쇠꼬리의 횃불이 눈이 부시게 빛나며 평생 듣도 보도 못한 용처럼 생긴 괴물이 칼 달린 뿔을 휘두르며 들이닥치는 것이다.

대항할 생각도 못하고 뿔에 스치기만 하면 죽거나 상하거나 했다. 신장처럼 생긴 5천 명 장사들은 입에 물나무를 문 채 허둥지둥 달아나는 적의 뒤를 치고 들어갔다.

성 안에서는 북소리와 함성이 요란하게 울려오고 늙은이와 아이들은 징과 꽹과리와 구리 그릇들을 들고 나와 두들겨대며 소리를 질렀다. 온통 천지가 뒤집히는 것만 같았다. 이리하여 연나라 총대장인 기겁은 제나라 군사에 의해 죽고 말았다.

이렇게 되자 적에게 항복했던 70여 성읍들이 일제히 전단에 가담하여 적군을 내몰았다.

이 「화우계」 이야기는 《사기》와 그 밖의 여러 역사적 기록에 나와 있는 유명한 대사건이요, 또한 기적 같은 성공담

이기도 하다.

화우계도(일본 이시가와 미술관)

노중련 · 추양열전(魯仲連鄒陽列傳)

묵 적 지 수
墨翟之守　　　　먹 墨 꿩 翟 지킬 守

잘 지켜 조금도 굴하지 않음, 낡은 규칙을 끝까지 고수함, 낡은 틀에 얽매여 있음.

묵자(墨子)는 이름은 적(翟)이라 하고, 송(宋)의 대부로 방전술(妨電術)에 능하며, 경제의 절약을 역설하였는데, 공자와 같은 시대의 사람인지 그 후의 사람인지 불명하다고 씌어 있다.

오늘날 남아 있는 《묵자》는 그의 생각을 기술한 것으로 「겸애설(兼愛說)」을 주창하여 자타(自他)의 구별을 세우지 않고 자기를 사랑하는 마음으로 남을 대하라고 주장한다. 분명히 하층계급을 위해 논한 곳이 있으며, 그 사상은 현실적이고 비판적이다.

그런데 그 묵자가 제(齊)나라에서 급히 초(楚)나라로 떠나 밤낮으로 열흘을 걸려 초나라의 수도인 영(郢 : 호북성 강릉현)에 도착했다. 그것은 공수반(公輸盤)이 초나라를 위해 운제계(雲梯械 : 사다리를 성벽에 기대어 높이 올라가는 기구)를 만들어 송나라를 공격하려고 한다는 소리를 들었기 때문이다.

묵자는 공수반을 방문했다. "북방에 나를 경멸하는 자가 있어 당신의 힘으로 죽여주시기를 바라오만……."

공수반은 불쾌한 낯으로 대답했다. "나는 의(義)를 생각하는 마음에서 사람을 죽일 수는 없소이다."

묵자는 공손히 절을 하면서 말했다. "초나라는 땅이 넓은데 반해서 사람이 모자랄 정도입니다. 그런데 영지가 부족한 송나라를 공격해도 좋습니까? 더구나 아무 죄도 없는 송나라를 말입니다. 한 사람을 죽이지 않는 것이 의(義)라면 송나라의 많은 사람을 죽이는 것이 의라 할 수 있을까요?"

공수반은 묵자에게 공박을 당하자, 묵자의 청을 들어 초왕에게 안내했다. 묵자는 다시 예를 들어 말했다.

"아주 화려하게 꾸민 수레의 주인이 옆에 있는 하찮은 수레를 훔치려고 하거나, 비단옷을 입은 사람이 옆집의 누더기 옷을 훔치려고 하거나, 진수성찬을 먹는 사람이 옆집의 술지게미를 훔치려고 든다면, 그것을 어떻게 생각하십니까?"

"아마도 도벽이 있는 사람이겠지요."

"그럼 5천 리 사방이나 되고 날짐승과 물고기가 풍부하고 큰 수목이 많은 초나라가 5백 리 사방밖에 되지 않고 식량이 부족하고 큰 나무도 없는 송나라를 공격하는 것은 이와 같지 않습니까?"

초왕이 이 질문에 궁한 대답을 했다.

"아니, 나보다 공수반의 재주를 살려 볼까 해서 그랬소."

그래서 공수반이 얼마나 머리가 좋은지를 보아야겠다고, 초왕의 면전에서 아주 기묘한 승부를 하게 되었다.

묵자는 허리띠를 풀어 성책(城柵)같이 하고, 작은 나뭇조각을 방패 대용의 기계로 만들었다. 공수반은 아홉 번에 걸쳐 임기응변의 장치를 만들어 공격했으나, 묵자는 아홉 번을 다 굳게 지켰다.

공수반의 공격무기는 바닥이 났으나 묵자의 수비에는 아직도 여유가 있었다. 마침내 공수반은 손을 들고 말았다.

공수반의 운제계(雲梯械)

백두여신 경개여고
白頭如新 傾蓋如故 머리 頭 기울 傾 덮을 蓋

머리가 파뿌리처럼 되기까지 교제하더라도 서로 마음이 안 통하면 새로 사귀기 시작한 사람과 같다는 뜻으로 사람을 알아보는 일이 어려움을 이르는 말이다.

전한(前漢) 초기에 추양(鄒陽)이라는 사람이 있었다. 그는 양(梁)나라에서 무고하게 사형선고를 받았다.

옥중에서 양나라의 왕에게 자신의 억울함을 호소하는 글을 올렸다. 주된 요지는 여러 예를 들면서 사람이 사람을 아는 것이 쉽지 않다는 것이었다.

"형가(荊軻)는 연(燕)나라 태자 단(丹)의 의협심을 존경하여, 그를 위해 진(秦)나라 시황제를 암살하러 갔었습니다.

그러나 태자 단(丹)도 형가를 겁쟁이라고 의심한 일이 한 번 있었습니다. 또 변화(卞和)는 보옥(寶玉 : 화씨벽)의 원석을 발견하여 초나라 왕에게 바쳤는데, 왕이 신용하지 않았습니다. 오히려 임금을 기만하는 자라 하여 옥에 가두었을 뿐만 아니라, 발을 베는 형에 처했습니다.

이사(李斯)는 전력을 기울여 진나라 시황제를 위해 활동하고 진나라를 부강하게 했으나 마지막에 2세 황제로부터 극형에 처해졌습니다. 아무리 오랫동안 교제하더라도 서로 이해하지 못함은 새로 사귄 벗과 같습니다(白頭如新 傾蓋如故).”

양나라 왕은 이 글을 읽고 감동하여 그를 석방했을 뿐만 아니라, 상객으로 맞이해 후히 대접했다.

편청생간 독임성란
偏聽生姦 獨任成亂

치우칠 偏 들을 聽 간사할 姦 홀로 獨 맡길 任 어지러울 亂

한쪽 말만 듣는다면 간사한 이들에게 득세할 기회를 주기 쉽다. 독단과 전횡을 일삼으면 화를 초래할 수밖에 없다.

한쪽 말만 들으면 간사함을 낳고, 혼자 맡아 멋대로 처리하면 어지러움을 일으킨다는 말이다.

추양(鄒陽)은 제나라 사람이다. 양(梁)나라에 유력(遊歷)했고, 글을 올려 양승(羊勝)·공손궤(公孫詭) 등과 함께 양나라 효왕(孝王)의 문객이 되었다.

그런데 양승의 무리가 추양을 시기하여 효왕에게 참언했다. 효왕은 노하여 옥리에게 추양을 넘겨주어 죽이려고 했다. 추양은 남의 나라에서 유세하던 중에 남의 중상을 받아, 죽은 후까지도 오명을 쓰게 될 것이 두려워 옥중에서 왕에게 편지를 올렸다.

“임금과 신하가 서로 마음이 통하고 행동이 일치되면 아교나 옻칠보다도 더 굳게 맺어져, 가령 형제간이라 할지라도 그 사이를 갈라놓을 수는 없습니다. 하물며 뭇 사람들의 말에 현혹이 될 리 있겠습니까?

그러므로 한쪽 말만 들으면 간계(姦計)가 생기게 되고, 한 사람에게만 정사를 맡기면 반란을 불러오게 되는 것입니다(偏聽生姦 獨任成亂).

옛날 노(魯)나라 왕이 계손씨(季孫氏)의 말을 받아들였기 때문에 공자(孔子)는 노나라를 떠났고, 송나라 왕이 자한(子罕)의 꾀를 믿었기 때문에 묵적(墨翟)을 가두었습니다.

공자와 묵적의 변설로써도 참언과 아첨에서 빠져나올 수가 없었던 것입니다. 그 까닭인즉 '뭇 사람의 입은 무쇠도 녹이고, 쌓이는 욕은 뼈라도 녹일 수 있기(衆口鑠金 積毁銷骨)' 때문입니다."

여기서 「편청생간(偏聽生姦)」은 한쪽 말만 듣는다면 간사한 이들에게 득세할 기회를 주기가 쉽다는 말이다.

枯木朽株(고목후주)

마를 枯 그루터기 株 썩을 朽

마른 나무나 썩은 그루터기와 같다는 뜻으로, 자신을 낮추어 겸손하게 표현할 때 쓰는 말.

한경제 때 오왕 유비(劉濞)의 수하에 추양(鄒陽)이라는 사람이 있었는데, 유비가 반란을 꾀하려 하자 그는 양효왕 유무의 수하로 들어가게 되었다. 그러나 양효왕은 양승 등과 같은 간신들의 말을 듣고 추양을 옥에 가두고 말았다.

추양은 「옥중에서 양효왕에게 올리는 글(獄中上 梁孝王書)」을 지어 자신의 무고함을 상소하였는데, 이 글에 「고목후주」라는 말이 나온다.

"'명월주(明月珠)라든가 야광벽(夜光璧)도 어두운 길을 걷는 사람에게 던지면(明珠暗投) 칼을 잡고 노려보지 않는 사람이 없을 것이다. 아무런 인연도 없는데 눈앞에 날아왔기 때문이다. 마구 꼬인 나무뿌리가 너무 굽어 있어 아무 소용없을 것 같지만, 만승의 군주 그릇이 되는 것은 좌우에 있는 사람이 우선 그 뿌리를 조각하고 장식을 하여 군주에게 바쳤기 때문이다.' 라는 말을 들었습니다만, 아무 인연도 없는데 눈앞에 날아오면 수후주(隋侯珠)·야광벽일지라도 원한을 살 뿐 덕이 될 수는 없습니다. 이와 반대로 누군가가 먼저 소개를 해주면 마른 나무나 썩은 등걸(枯木朽株)을 바치더라도 공로가 있다 하여 잊히지 않는 법입니다. ……."

여기에서 추양은 자신을 명월주와 야광벽에 비기고 양승 같은 사람들을 「고목후주」에 비기면서 신세타령을 늘어놓은 것이다.

이 밖에 한무제 때의 문인 사마상여(司馬相如)가 한무제에게 올리는 「간렵소(諫獵疏)」라는 글에서 「고목후주」라는 말을 쓰고 있는데, 고주후목(枯株朽木)이라고도 한다.

明珠暗投 (명주암투)

구슬 珠 어두울 暗 던질 暗

귀한 보물도 남에게 예를 갖추어 전달하지 않으면 도리어 반감을 산다.

제(齊)나라 사람인 추양이 양(梁)나라에 가서 출셋길을 열어보려고 하다가 시기하는 자들의 모함으로 양나라 임금 효왕(孝王)의 미움을 받아 옥에 갇히고 처형될 위기에 처하게 되었다. 옥에 갇힌 추양은 자기의 결백을 주장하는 장문의 글을 올렸다.

"저는 듣기에, '명월주(明月珠)라든가 야광벽(夜光璧)도 어두운 길을 걷는 사람에게 던지면(明月之珠 夜光之璧 以暗投人於道路) 칼을 잡고 노려보지 않는 사람이 없을 것이다. 아무런 인연도 없는데 눈앞에 날아왔기 때문이다. 마구 꼬인 나무뿌리가 너무 굽어 있어 아무 소용없을 것 같지만, 만승 군주의 그릇이 되는 것은 좌우에 있는 사람이 우선 그 뿌리를 조각하고 장식을 하여 군주에게 바쳤기 때문이다.' 라는 말을 들었습니다만, 아무 인연도 없는데 눈앞에 날아오면 수후주(隋侯珠)·야광벽일지라도 원한을 살 뿐 덕이 될 수는 없습니다. 이와 반대로 누군가가 먼저 소개를 해주면 마른 나무나 썩은 등걸(枯木朽株)을 바치더라도 공로가 있다 하여 잊히지 않는 법입니다.

오늘날 포의곤궁(布衣困窮)한 선비로서 그 신분이 빈천한 사람은 비록 요순의 도(道)를 알고, 이윤(伊尹)·관중의 말재주를 지니고, 용봉(龍逢 : 夏나라의 충신)·비간(比干)의 뜻을 품고 당시의 임금에게 충성을 다하려고 해도, 나무뿌리를 장식하여 임금에게 바치듯 천거해 주는 사람이 없고, 마음과 생각을 다하여 임금의 통치를 보필하려고 해도 임금은 칼을 잡고 노려보는 경향이 있습니다.

이런 일은 포의(布衣)의 선비를 마른 나무나 썩은 등걸만도 못하게 만드는 것입니다. 그러므로 성군이 세상을 거느리고 풍속을 바로잡을 때는 저 도공(陶工)이 녹로반(轆轤盤) 위에서 진흙으로 모양을 만들 듯이 뜻대로 세상을 교화시키고, 비천하고 혼탁한 말에 이끌리거나 근거 없는 참언에 마음을 빼앗기지 않는 것입니다."

이 글을 보고 효왕도 느끼는 바가 있어서 추양을 석방했다.

굴원 · 가생열전(屈原賈生列傳)

九死一生
구사일생

여러 차례 죽을 고비를 가까스로 넘기고 살아남.

전국시대 초(楚)나라의 시인이자 정치가인 굴원은 학식과 재주가 뛰어났으나, 그만큼 주위의 모략 또한 만만치 않았다.

"굴원은 임금이 신하의 말을 가려 분간하지 못하고, 참언과 아첨하는 말이 임금의 지혜를 가리고, 간사하고 왜곡된 언사가 임금의 공명정대함에 상처를 내서 행실이 방정한 선비들이 용납되지 못하는 것을 미워하였다. 그래서 그 근심스런 마음을 담아 〈이소(離騷)〉 한 편을 지었다."

이렇게 지어진 〈이소〉에 있는 구절이다.

"긴 한숨을 쉬며 눈물을 감춤이여, 백성들 힘든 삶이 서럽기 때문이지. 내 비록 고결하고 조심하려 했지만, 아침에 바른 말 하여 저녁에 쫓겨났네. 혜초(蕙草)를 둘렀다고 나를 버리셨는가. 나는 구리 띠까지 두르고 있었네. 그래도 내게는 아름다운 것이기에, 비록 아홉 번 죽어도 후회하지 않으리라(雖九死其猶未悔)."

여기서 「구사(九死)」에 대해서 유양(劉良)은 다음과 같은 해설을 달고 있다.

"아홉은 수의 끝이다. 충성과 신의와 정숙과 고결함이 내 마음이 착하고자 하는 바이니, 이런 재앙을 만남으로써 아홉 번 죽어 한 번도 살아남지 못한다 해도 아직 후회하고 원한을 품기에 족한 것은 아니다."

「구사일생」은 "아홉 번 죽어 한 번도 살아남지 못한다." 는 말에서 유래된 말로서, 지금은 유양의 해설과는 달리 "죽을 고비를 여러 차례 넘기고 간신히 살아난다." 는 뜻으로 흔히 쓰이고 있다.

圓鑿方枘 (원조방예)

모 方 장부 枘 둥글 圓 구멍 鑿(조)

일이 어긋나서 잘 맞지 않음의 비유.

원조(圓鑿)는 끌로 뚫은 둥근 구멍. 방예(方枘)는 네모난 나무로 끼우는 것. 네모난 나무를 둥근 구멍에 끼우려고 해도 들어가지 않는 것. 충신과 간신이 서로 의견일치가 이루어지지 않는 것을 말한다.

전국시대 진(秦)나라는 천하를 통일하려고 초(楚)나라를 위협하였다. 초나라 회왕(懷王) 때 정치가이자 시인인 굴원은 제(齊)나라와 동맹하여 진나라의 공격에 대항할 것을 주장하였는데, 정적(政敵)들의 중상모략으로 왕의 미움을 받아 관직을 박탈당하고 유배되었다.

굴원의 제자인 초나라의 궁정시인 송옥(宋玉)은 스승 굴원에 대한 동정심과 왕에 대한 억울한 마음을 《초사(楚辭)》에 수록된 「구변(九辯)」에서 나타냈다.

이 시(詩)에 나오는 "둥근 구멍과 네모난 장부는 예로부터 서로 맞지 않는다는 것을 안다(圓鑿而方枘兮 我固知其而難入)."라는 구절에서 유래한 성어(成語)이다.

둥근 구멍에는 네모난 장부보다 둥근 장부를 끼워야 들어맞는데, 굴원의 충성스런 정치적 식견과 간사한 신하들의 의견이 본질적으로 서로 맞지 않아 화합할 수 없다는 것을 비유하는 말이다.

衆醉獨醒(중취독성)

무리 衆 취할 醉 홀로 獨 깰 醒

세상의 모든 사람들이 불의와 부정을 저지르고 있는 가운데 홀로 깨끗한 삶을 사는 것을 비유하는 말.

"모두 취하여 있는데 홀로 깨어 있다."는 뜻으로, 전국시대 초(楚)나라의 애국시인 굴원(屈原)의 고사에서 유래되었다.

굴원은 처음에는 왕의 신임을 얻어 삼려대부{三閭大夫 : 소(昭) · 굴(屈) · 경(景) 세 귀족 집안을 다스리던 벼슬}라는 고위 관작에까지 올랐다. 그러나 나라를 위하여 여러 차례 충간(忠諫)하였다가 왕과 동료 신하들의 미움을 사서 결국 관직을 박탈당하였다.

굴원은 강수(江水) 가에 가서 산발할 머리를 흐트러뜨린 채 물가를 노래를 읊으며 방황하고 있었다. 얼굴빛은 초췌하고 그 모습은 여위어서 마치 마른 나무와 같았다. 그 때 한 어부가 지나가다가 물었다.

"혹시 삼려대부(三閭大夫)가 아니십니까? 어찌하여 이런 곳에 오셨습니까?"

"세상이 모두 혼탁한데 나 혼자만 깨끗하고, 뭇 사람이 모두 취해 있는데 나 혼자만이 깨어 있었기 때문에 쫓겨났다오(擧世皆濁我獨淸 衆人皆醉我獨醒 是以見放)."

어부가 말했다.

"성인이란 사물에 구애받지 않고 시세를 따라 잘 처세한다고 하던가요. 세상이 모두 혼탁해 있으면 어찌하여 그 흐름을 따라 그 물결을 타지 않았습니까. 뭇 사람이 모두 취해 있다면 어찌하여 그 지게미를 먹지 않았습니까. 어찌하여 아름다운 옥처럼 고결한 뜻을 가지셨으면서도 스스로 추방을 자초하셨습니까?"

굴원이 대답했다.

"'새로 머리를 감은 사람은 반드시 관(冠)의 먼지를 털어서 쓰고, 새로 목욕을 한 사람은 반드시 의복의 먼지를 털어서 입는다.' 고 하였소. 사람이라면 그 누가 자신의 깨끗한 몸에 때와 먼지를 묻히려 하겠소. 차라리 몸을 장강(長江)에 던져서 물고기 뱃속에 장사를 지내는 편이 나을 것이오. 또 어찌하여 희고 흰 결백한 몸으로 세속의 검은 먼지를 뒤집어쓰는 것을 참아내겠소."

《초사(楚辭)》의 한 편인 「어부사(漁父辭)」의 내용이다. 여기서 유래하여 「중취독성」은 불의와 부정이 만연한 혼탁한 세상에 물들지 않고 자신의 덕성을 지키려는 자세, 또는 그러한 사람을 가리키는 성어로 사용된다.

虎狼之國 (호랑지국)

범 虎 이리 狼

범이나 이리와 같이 포학한 나라라는 뜻으로, 전국시대 때 강대국이었던 진(秦)나라를 가리키는 말.

전국시대에 진나라를 비롯하여 제(齊) · 초(楚) · 연(燕) · 위(魏) · 한(韓) · 조(趙)의 7국이 패권을 놓고 대립하였다. 진나라는 그 가운데 가장 강력한 나라로서 나머지 6국을 위협하였다. 초(楚)나라는 여러 차례 진나라에 기만당하였으며, 싸움에서 패배하였다. 굴원(屈原)은 초나라 회왕(懷王)에게 제나라와 연합하여 진나라에 대항하여야 한다고 간언하였지만 받아들여지지 않았다.

이 때 진나라 소왕(昭王)은 초나라와 인척관계가 있었으므로 초나라 회왕과 만나기를 청했다. 회왕이 가려고 하자 굴원이 간했다.

"진나라는 호랑이와 이리의 나라로서, 신용하시면 안 됩니다. 가시지 않는 편이 낫겠습니다(秦虎狼之國 不可信 不如毋行)."

그러나 회왕은 이 말을 듣지 않고 진나라로 갔다가 억류되어 그 곳에서 죽었다.

또 같은 전국시대에 소진(蘇秦)은 6개국을 돌아다니며 힘을 합쳐 진나라에 대적하여야 한다는 합종책(合從策)을 유세하였다. 그는 초나라에 가서 초왕에게 이렇게 설득했다.

"무릇 진나라는 호랑이와 이리와 같은 나라로서 천하 합병의 야심을 가지고 있습니다 진나라는 천하의 원수입니다.(夫秦虎狼之國也 有呑天下之心 秦天下之仇讐也). 연횡론자들은 모두 제후로 하여금 토지를 쪼개 진나라를 섬기려 하는데,

이것은 '원수를 길러 원수를 받든다(養仇而奉讎).' 는 결과가 됩니다."

여기서 유래하여 「호랑지국」은 무력으로 다른 나라를 괴롭히는 포학한 강대국을 비유하는 성어로 사용된다.

탐부순재(貪夫殉財) 탐할 貪 지아비 夫 따라죽을 殉 재물 財

탐욕스런 사람은 재물을 얻기 위해 어떠한 위험도 돌보지 않음.

탐욕이 많은 자는 재물 때문에 목숨을 잃는다는 뜻으로, 탐욕스런 사람은 재물을 얻기 위해 어떠한 위험도 돌보지 않는다는 말.

가생(賈生 : 이름 誼)은 하남 낙양 사람으로, 고조 7년에 태어나서 문제 12년에 죽었는데, 그의 나이 겨우 33세였다.

18세 때에 시서(詩書)를 잘 하기로 소문이 났으며, 나중에 태중대부(太中大夫)에 이르러 예악을 일으키고, 법도를 제정하고, 복색을 바꾸는 등 문제를 잘 보필하는 데 힘썼으나, 뒤에 주발(周勃)의 모함을 받아 장사왕(長沙王) 태부(太傅)로 축출되었다.

그는 모함으로 쫓겨나 끓어오르는 울분을 금할 수 없었지만, 마침 멱라수(汨羅水)를 건너려 할 때, 자신의 처지가 굴원과 비슷하여 「조굴원부(弔屈原賦)」를 지어 감개를 표현하였다.

이 말은 가생의 「복조부(鵩鳥賦)」에 나오는 말이다.

……

어리석은 이들은 자기만 생각하고
남을 낮추고 자기를 귀하다 하네.
통달한 사람은 넓게 보고
어떤 사물을 보건 한결 같다네.
탐욕스런 사람은 재물을 위해 죽고
열사는 명예를 위해 죽으며
허풍쟁이는 권세 때문에 죽고
중생은 단지 삶에만 매달리지.
이익에 유혹되고 가난에 쫓기는 무리는
이리저리 바삐 뛰어다니네.
대인은 사물에 굴하지 않고
수많은 변화를 만나도 한결같다네.

小知自私兮 賤彼貴我　소지자사혜 천피귀아
通人大觀兮 物無不可　통인대관혜 물무불가

貪夫徇財兮 烈士徇名　　탐부순재혜 열사순명

誇者死權兮 品庶馮生　　과자사권혜 품서풍생

述迫之徒兮 或趨西東　　술박지도혜 혹추서동

大人不曲兮 億變齊同　　대인불곡혜 억변제동

굴 원

여불위열전(呂不韋列傳)

기화가거 奇貨可居 　기이할 奇 재화 貨 옳을 可 있을 居

진기한 물건이나 사람은 당장 쓸 곳이 없다 하여도 훗날을 위하여 잘 간직하는 것이 옳다는 말.

「기화(奇貨)」란 기이한 보화란 뜻이다. 그러나 지금은 본래의 뜻과는 달리 흔히 죄를 범한 사람이 그 죄를 범할 수 있은 좋은 기회를 말한다. 검찰관이 피의자의 논고에 흔히 쓰는 말로 "이를 기화로 하여." 란 말이 자주 나온다.

이 말의 유래는 「여불위열전」에서 찾아볼 수 있다.

여불위는 한(韓)나라 수도 양적(陽翟)의 큰 장사꾼이었다. 각국을 돌아다니며 물건을 싸게 사다가 비싼 값으로 넘겨 수천 금의 재산을 모았다.

진소왕(秦昭王) 40년에 소왕의 태자가 죽고, 42년에 소왕은 둘째아들 안국군(安國君)을 태자로 책봉했다.

안국군에게는 20여 명의 아들이 있었다. 또 그에게는 대단히 사랑하는 첩이 있어서 그녀를 정부인으로 세우고 화양부인(華陽夫人)이라 부르게 했는데, 그녀에게는 아들이 없었다.

안국군의 많은 아들 중에 자초(子楚)라는 아들이 있었는데,

그의 어머니 하희(夏姬)는 안국군의 사랑을 받지 못하고 있었다. 자초는 전국 말기에 흔히 있던 인질로 조나라에 가 있게 되었다.

인질이란 서로 침략하지 않겠다는 약속의 증거로 서로 교환되는 사람으로, 대개 왕자나 왕손들이 인질로 가 있었다.

그런데 진나라가 약속과는 달리 자꾸만 조나라를 침략해 왔기 때문에 자초에 대한 조나라의 대우는 갈수록 나빠져만 갔다. 감시가 심해질 뿐만 아니라 일상생활마저 어려워져 가는 형편이었다.

그럴 무렵, 여불위가 조나라 수도 한단(邯鄲)으로 장사차 들어오게 되었다. 그는 우연히 자초가 있는 집 앞을 지나치다가 자초의 남다른 행색을 보고 이상히 여겨 주위 사람들에게 그 내력을 물었다.

얘기를 다 듣고 난 여불위는 매우 딱한 생각을 하며, 타고난 장사꾼의 기질로 문득 혼자 이런 말을 던졌다.

"진기한 보물이다. 차지해야 한다(此奇貨可居)."

이 때, 자초는 이인(異人)이란 이름을 쓰고 있었다.

그리하여 여불위는 자초를 만나 그를 갖은 방법으로 도와주고 위로하고 하여, 마침내는 그와 뒷날을 굳게 약속한 다음, 그를 화양부인의 아들로 입양을 시켜 안국군의 후사를 잇게 하는 데 성공했다.

그가 자초의 환심을 사고 화양부인을 달래기 위한 교제비로 천금의 돈을 물 쓰듯 했다. 그러나 여불위는 약속 외에 무서운 음모를 품고 있었다. 그것은 그가 한단에서 돈을 주고 산, 얼굴이 기막히게 예쁘고 춤과 노래에 뛰어난 조희(趙姬)란 여자를 자초의 아내로 보내준 것이다.

그녀의 뱃속에는 이미 여불위의 자식의 씨가 들어 있었다. 그것이 요행히 사내아이일 경우 진나라를 자기 자식의 손으로 남모르게 넘겨주겠다는 음모였다.

과연 아들을 낳았고, 조희는 정부인이 되었다. 이 아들이 뒤에 진시황이 된 여정(呂政)이었는데, 결국 여불위는 자기 아들의 손에 의해 목숨을 잃게 된다.

그러나 한 장사꾼으로서 불행 속에 있는 자초를 기화로 삼아 일거에 진나라 승상이 되어 문신후(文信候)란 이름으로 10만 호의 봉록에, 천하에 그의 이름과 세력을 떨쳤으니, 장사꾼의 출세로서는 그가 아마 첫손에 꼽히고도 남을 것이다.

오늘날에는 「물실호기(勿失好機)」라는 뜻으로도 사용된다.

有能增損一字予千金 (유능증손일자여천금)

붙을 增 덜 損 줄 予

능히 한 글자라도 보태고 빼고 하는 사람이 있으면 천금을 준다.

아주 훌륭한 글씨나 문장의 비유.

전국시대 말엽, 천하의 제패를 노리는 열국(列國)의 제후들은 일예일능(一藝一能)에 뛰어난 자들을 객(客)으로서 다투어 불러 모았다. 이것이 소위 식객인 것이다. 그 중에서도 제(齊)나라의 맹상군은 수천, 초(楚)나라의 춘신군은 3천, 조(趙)나라의 평원군은 수천, 위(魏)나라의 신릉군은 3천이라 하여 서로 식객 수를 자랑했다.

그러나 이 식객들은 누구나 한 가지 심상치 않은 재주와 고집을 지니고 있는 인간으로, 제후들도 그들을 자기 곁에 잡아두기 위해 적지 않은 신경을 써야 했다.

예를 들어 가산(家產)을 탕진하면서 식객을 슬하에 모아 놓고 "천하의 선비를 동나게" 했다는 말까지 듣던 맹상군은 귀천의 구별 없이 전부 자기와 동등하게 대우하고, 또 그들과 이야기를 할 때는 언제나 서기를 병풍 뒤에 숨겨, 그들과 이야기하는 동안에 알려지는 그들 친척들의 거처를 적게 한 다음 나중에 사람을 시켜 선물을 보내 주었다고 한다. 또 이런 이야기도 있다.

조(趙)나라의 평원군이 식객을 외교사절로서 초(楚)나라의 춘신군에게 보냈다.

평원군의 식객은 자기가 초나라에서 얼마나 우대를 받고 있는지를 자랑하고자 일부러 대모잠(玳瑁簪 : 거북이 등껍질로 만든 비녀)을 만들고, 패도(佩刀)에는 주옥을 상감(象嵌 : 무늬를 파서 그 속에 금·은·주옥 같은 것을 넣어 채우는 것)케 하여 화려한 옷차림으로 춘신군의 식객에게 대면을 청했다.

그런데 나타난 상대를 한번 본 순간, 그는 앗! 소리와 함께 얼굴이 홍당무가 되고 말았다. 그 까닭은 춘신군의 식객들은 하나같이 주옥으로 상감한 신을 신고 있었던 것이다.

그런데 그 무렵, 제후에게 질세라 열을 올려가며 식객을 끌어 모은 또 하나의 사나이가 있었다. 한낱 상인으로서 몸을 일으켜 이제는 강국 진(秦)의 상국(相國 : 총리대신)이 되어 어린 왕인 정(政 : 뒤의 시황제)을 조종하여 정권을 손아귀에 쥐고 위세를 떨치고 있는 여불위(呂不韋 : 실은 시황제의 친아버지다)가 바로 그 사람이었다.

시황제의 아버지 장양왕(莊襄王)이 첩의 소생인 탓에 조(趙)나라에 볼모로 붙잡혀 있었기 때문에 용돈에 궁한 생활을 하고 있는 것을 보고, "진기한 보물이다. 차지해야 한다(此奇貨可居)." 하고 눈독을 들여 막대한 투자를 하고 마침내 오늘의 영화를 획득한 여불위다.

신릉군 · 춘신군 · 평원군 · 맹상군이 부지런히 식객을 모아들여 그 수효를 자랑하고 있는 것을 듣고서 가만히 보고만 있을 수가 없었다.

"강대국인 우리 진(秦)나라가 이런 일에서 그놈들에게 얕보여서야 될 말인가?"

원래가 상인이라 돈을 물 쓰듯 해서 식객을 모았으므로 각처에서 모여든 자의 수가 3천에 달했다. 이쯤 되면 그의 욕심은 더욱더 부푼다.

이 무렵, 각국에서 현자들이 저서를 냈는데, 특히 제(齊) · 초(楚)에 벼슬을 한 유학자 순경(荀卿 : 순자) 등이 탁세(濁世)를 한탄하여 수만 어의 책을 발간했다는 말을 듣자, "어디 두고 보자. 나도 한번 해보고 말겠다." 하는 생각이 들었다. 그래서 식객들에게 명하여 만든 것이 20여만 어로 된 대작이다.

"어떠냐? 천지만물 고금의 일은 전부 이 안에 들어 있다. 이런 큰 사업을 내가 아니고 누가 할 수 있겠는가!"

기고만장한 그는 이 대작을 자기가 편집한 것으로 하여 《여씨춘추(呂氏春秋)》라 이름 붙였다.

더욱 흥미를 끄는 것은 그 후의 그의 처사였다. 여불위는 이 《여씨춘추》를 수도 함양의 성문 앞에 진열시켜 놓고 그 위에 천금을 걸어두고서는 다음과 같은 광고판을 세웠다.

"능히 한 글자라도 이것을 보태고 빼고 하는 사람이 있으면 천금을 준다(有能增損一字者予千金)."

즉 이 책의 문장을 첨삭(添削)할 수 있는 자에게는 한 자에 대해 천금의 상금을 주겠다는 것이다.

그야말로 사람을 무시해도 이만저만이 아니지만, 이것도 실은 상술에 밝은 여불위의 식객 유인책이었던 것은 말할 나위도 없다.

여기서 「일자천금(一字千金)」 성어가 생겨났다.

여기서 한 가지 대조적으로 여불위의 실제 아들인 진시황의 행패를 들지 않을 수 없다. 그것은 그 후 승상 이사(李斯)의 말만을 듣고 의약・복서(卜筮)・농경에 관한 책을 제외하고는 모두 불살라 버렸다는 사실이다. 참으로 아이러니컬한 일이라 하겠다.

자객열전(刺客列傳)

골경지신 骨鯁之臣

뼈 骨 생선뼈 鯁

목구멍에 걸린 생선가시처럼 듣기에 괴로운 직언(直言)을 하는 강직한 신하를 비유하는 말.

〈자객열전(刺客列傳)〉에 등장하는 자객 전제(專諸)에 대한 이야기에서 나온 말이다.

전제는 오나라 당읍(堂邑 : 강소 육합) 사람이다. 오자서는 초나라에서 도망쳐 오나라에 갔을 때 전제의 재능을 알았다. 오자서가 오나라 왕 요(僚)를 알현하고 초나라를 치는 것이 유리함을 설명하자, 공자(公子) 광(光)이 왕에게 말했다.

"그 오운(伍員 : 오자서)은 아버지도 형도 모두 초나라에 의해 죽음을 당했습니다. 오운이 초나라를 치자고 말하는 것은 자기의 원수를 갚고자 하는 것이지, 오나라를 위한 계략이 아닙니다."

그래서 오나라 왕은 초나라를 치는 것을 그만두었다. 오자서는 공자 광이 오나라 왕 요(僚)를 죽이려 하는 것을 알아차리고 이렇게 생각했다.

"저 광(光)은 나라 안에서 난을 일으키려는 야심이 있으니 초나라를 치는 이야기를 해서는 안 되겠다.”

그리고는 전제를 공자 광에게 추천하여 후일의 일에 대비했다. 광의 아버지는 오왕(吳王) 제번(諸樊)이다. 제번에게는 세 명의 동생이 있었는데, 바로 밑의 동생은 여제(余祭), 그 다음이 이매(夷昧), 막내동생이 계자찰(季子札)이다. 제번은 계자찰이 현명한 것을 알고 태자를 책봉하지 않고 차례로 동생들에게 왕위를 물려받게 하여 결국 나라를 계자찰에게 물려주려고 했다.

제번이 죽은 뒤 여제가 왕위에 올랐고, 여제가 죽은 뒤 이매가 이었으며, 이매가 죽었기 때문에 계자찰이 이어받아야 했는데, 그는 왕이 되는 것이 싫어서 도망을 했다. 그래서 오나라에서는 이매의 아들 요(僚)를 세워 임금을 삼았다. 공자 광은 이렇게 말했다.

“형제의 순서로 왕이 된다면 계자찰이 왕위에 올라야 하고, 아들의 순서대로 왕위에 올라야 한다면 나야말로 진짜 후사로서 당연히 왕위를 이어받아야 할 것이다.”

그런 까닭에 광은 평소부터 은근히 심복의 모신(謀臣)을 길러 자신이 왕위를 차지하려는 방법을 찾고 있었다. 그런 차에 전제를 얻자 빈객으로 후하게 대우했다.

9년 뒤에 초나라 평왕(平王)이 죽었다. 그 해 봄, 오나라 왕

요는 초나라가 상중(喪中)임을 기화로 초나라를 치기로 하고, 아우인 공자(公子) 개여(蓋餘)와 촉용(屬庸)을 장군으로 하여 초나라 잠(灊 : 안휘 곽산)을 포위하고 연릉(延陵)의 계자(季子)를 진(晋)나라에 파견하여 제후의 움직임을 관찰시켰다.

초나라는 출병하여 오나라 장군 개여와 촉용의 퇴로를 끊었으므로 오나라 군사는 귀환할 수 없게 되었다. 그러자 공자 광이 전제에게 말했다.

"이 시기를 놓쳐서는 안 되오. 구하지 않는다면 무엇을 얻을 수 있겠소. 나는 참다운 왕의 후사이지 않소. 왕위에 오르는 것은 당연한 일이오. 계자찰이 돌아온다 해도 나에게 이론(異論)은 없을 것이오."

그러자 전제가 말했다.

"왕 요(僚)를 죽일 때입니다. 그 어머니는 연로했고 그 아들은 나이가 어리며, 더구나 두 동생은 병사를 이끌고 초나라를 치고 있는데, 그 후방은 끊어졌습니다. 지금이야말로 오나라는 밖으로는 초나라에 고통을 당하고, 안으로는 병력이 비었으며 직언하는 강직한 신하도 없습니다(方今吳外困于楚 而內無骨鯁之臣). 이런 상황에서는 우리 편을 어떻게도 할 수 없을 것입니다."

공자 광은 머리를 조아리면서 말했다.

"나의 몸은 곧 그대의 몸이오."

요왕 12년 4월 병자일, 광은 무장 병사들을 지하실에 매복시키고 술을 준비하여 왕 요를 초대했다. 왕은 연도에 경계병을 늘어세우고 궁전을 나와 광의 저택으로 왔다.

문과 계단 좌우에 늘어선 사람들도 모두 왕 요의 심복 친척들이었고, 왕을 에워싸고 서 있는 사람은 모두 긴 자루의 칼을 손에 들고 있었다.

술자리가 무르익자, 공자 광은 거짓으로 다리가 아프다며 지하실에 들어가 전제에게 명하여 뱃속에 비수를 감춘 생선구이를 내오도록 했다. 왕 앞으로 가자 전제는 생선의 배를 찢고 비수를 꺼내 왕 요(僚)를 찔렀다.

왕은 그 자리에서 죽었다. 전제 역시 좌우에 있는 사람들에 의해 죽임을 당했다.

왕의 수행자들은 큰 소동을 일으켰으나, 공자 광은 매복해 두었던 군사를 풀어 왕 요의 무리를 쳐서 모두 섬멸하고 마침내 자립하여 왕이 되었다. 이 사람이 합려(闔閭)이다. 합려는 전제의 아들을 봉하여 상경(上卿)을 삼았다.

여기에서 유래하여 「골경지신」은 목숨을 걸고 임금이 듣기에 괴롭고 거북한 직언을 서슴지 않는 신하를 비유하는 말로 사용된다.

사위지기자사 여위열기자용
士爲知己者死 女爲說己者容

선비 士 할 爲 알 知 죽을 死 기쁠 說 얼굴 容

선비는 자신을 알아주는 사람을 위해서 목숨을 바치고, 여인은 자신을 사랑해주는 사람을 위해서 얼굴을 고친다.

예양(豫讓)은 진(晋)나라 사람이다. 일찍이 범씨(范氏) 및 중항씨(中行氏)를 섬겼으나, 명성이 오르지 않자 떠나서 지백(智伯)을 섬겼다.

지백은 그를 매우 존경하고 사랑했는데, 지백이 조양자(趙襄子)를 치자 조양자는 한(韓)·위(魏) 두 나라가 공모하여 지백을 멸망시키고 그 자손을 죽인 다음 땅을 셋으로 쪼갰다. 이때 셋으로 나뉘어 독립한 나라들이 바로 조나라·한나라·위나라이다. 이를 삼진(三晋)이라고 한다. 조양자는 지백을 심히 미워하여 지백의 두개골에 옻칠을 하여 요강으로 사용했다.

예양은 산속으로 도망쳐 스스로 다짐했다.

"아아, '사나이는 나를 알아주는 이를 위해 죽고, 아녀자는 자신을 기쁘게 해주는 이를 위해 모양을 낸다(士爲知己者死 女爲說己者容)' 고 했던가. 지백은 진실로 나를 아는 지기(知己)였지. 나는 무슨 일이 있더라도 지백을 위해 원수를 갚고, 죽어서 이를 지백에게 알려준다면 내 혼백도 부끄러울 것이 없으리라."

예양은 상대가 자기를 알아보지 못하도록 하기 위해서 몸에 옻칠을 하여 문둥이가 되고 숯을 삼켜 벙어리가 되었는데(몸에 옻칠을 하면 옻이 올라 문둥병환자처럼 되고 숯을 삼키면 목소리가 나오지 않아 벙어리같이 된다), 거리에서 구걸을 하며 상대의 동정을 살피고 있었다. 그의 처까지도 그 모습을 알아차리지 못했다고 한다.

그리고 이름을 바꾸고 죄인의 무리에 몸을 숨겨 궁중으로 들어가서 변소의 벽을 칠하면서 양자(襄子)를 찔러 죽일 기회만 엿보았다. 양자가 변소에 가는데 어쩐지 가슴이 두근거렸다. 그래서 변소 벽을 바르는 죄수를 잡아다 심문하니 그가 바로 예양이었다.

예양은 암살에 실패하고 심문 과정에서 여러 사람을 모셨던 예양이 왜 이번에 모셨던 지백이라는 사람만을 위해 이토록 집요하게 원수를 갚고자 하는지 묻자, 예양은 이렇게 대답하였다.

"전에 모시던 사람들은 나를 일반 신하 중에 한 사람으로 대하였기에 나도 그들을 많은 주군 중에 하나로 대하였지만. 지백은 나를 특별한 국사(國士)로 대우하였기에 나도 국사(國士)로서 목숨을 걸고 그 은혜에 보답하려는 것이다!"

상대방이 나를 알아달라고 하기 전에 내가 먼저 그를 알아주는 것이 진정 충성을 얻는 방법이라는 《논어》의 구절이 있다. 나를 알아주는 사람을 위하여 목숨을 걸듯이 내가 상대방에게 먼저 잘 대해주면 상대방 역시 나에게 최선을 다할 것이다.

漆身呑炭(칠신탄탄) 옻칠할 漆 몸 身 삼킬 呑 숯 炭

은인을 위해서 아무리 어려운 일도 서슴지 않고 감행하는 충정.

「칠신탄탄」은 몸에 옻칠을 하고 숯덩이를 삼킨다는 말이다. 은인을 위해서는 아무리 어려운 일이라도 서슴없이 강행하는 충정을 비유하는 말이다.

춘추시대 말기 진(晋)의 왕실은 왕년의 패자의 면목을 완전히 잃고 나라의 실권은 지백(知伯)·조(趙)·한(韓)·위(魏) 등의 공경에게로 옮아갔다. 그리하여 공경들은 세력다툼에 정신이 없었다. 그 중에서도 가장 강력한 지백씨는 한·위 양가와 손을 잡고 조가(趙家)를 멸망시키고자 전쟁을 일으켰다.

그때 조가의 주인이었던 양자(襄子)는 진양(晋陽)에 웅거하여 항복하지 않았다. 마침내 지백은 진양성을 수공(水攻)으로 괴롭혔으나, 함락 직전에 한·위 양군이 반기를 들어 오히려

주멸되고 말았다. 이때의 싸움은 수많은 춘추시대의 전쟁 중에서도 이상한 것으로서 유명하다.

그런데 지백의 신하로 예양(豫讓)이란 자가 있어 주가(主家)의 멸망 후 원수를 갚으려고 조양자의 목숨을 노렸다. 처음 예양은 죄수로 몸을 떨어뜨려 궁전의 미장이로 섞여 들어갔으며 양자가 변소로 들어갔을 때 찌르려고 하다가 잡히고 말았다.

양자는 충신의사라고 용서했으나, 예양은 그 후에도 복수의 화신이 되어 양자를 계속 노렸다.

예양은 상대가 자기를 알아보지 못하도록 하기 위해서 몸에 옻칠을 하여 문둥이가 되고 숯을 삼켜 벙어리가 되었는데 그의 처까지도 그 모습을 알아차리지 못했다고 한다.

오직 한 사람, 옛날 친구가 그것을 알아보고는 예양을 불러서 이렇게 권했다.

"원수를 갚으려면 달리 더 좋은 방법도 있지 않은가. 예를 들어 양자(襄子)의 신하로 들어가 좋은 기회를 노릴 수도 있지 않은가?"

그러자 예양은 이렇게 말했다.

"그것은 두 마음을 갖는 것이 된다. 자기가 하려고 하는 일이 아무리 어렵더라도 후세 사람들에게 두 마음을 갖지 않는다는 것이 어떤 것인지를 보여주고 싶다."

그러면서 계속 그 기회를 노리고 있었다.

어느 날, 다리 밑에 엎드려 그 곳을 지나치게 될 양자를 기다리고 있었다. 양자가 다리에 이르자, 타고 있던 말이 걸음을 멈추고 가지 않았다. 수상쩍게 생각하고 수행원에게 주위를 살펴보게 한 즉 거기에는 거지꼴을 한 예양이 있었다.

양자가 말했다.

"그대는 이미 구주(舊主)에 대하여 할 일을 다 했다. 또 나도 그대에게 충분히 예를 다했다. 그런데 아직도 나를 노리는 것은 용서할 수 없다."

그러면서 부하를 시켜 죽이라고 명령하자, 예양은 최후의 소원이라고 하면서 양자에게 그 입고 있던 옷을 빌려 들고 자기 품안에서 비수를 빼들자 그 옷을 향해 덤벼들기 세 번, "지백님이시여, 이제 복수를 했습니다!" 하고 외치고 나서 비수로 자기 배를 찌르고 엎드려 죽었다.

방약무인 傍若無人

곁 傍 같을 若

남의 입장을 생각지 않고 거리낌 없이 함부로 행동함.

전국시대도 거의 진(秦)의 통일로 돌아가 시황제의 권위가 군성(群星)을 눌렀을 때의 일이다.

위(衛)나라 사람으로 형가(荊軻)라는 자가 있었다. 선조는 제(齊)나라 사람이었으나, 그는 위(衛)로 옮겨 살며, 거기서 경경(慶卿)이라 불리었다.

책을 읽는 것과 칼을 쓰는 것을 즐겨했다. 국사에도 마음을 쓰고 있었으므로 위의 원군(元君)에게 정치에 대한 의견을 말했으나 채택되지 않았고, 그 후로는 제국을 표박(漂迫)하며 돌아다닌 듯하다.

사람 됨됨이 침착하여 각지에서 현인, 호걸과 사귀었다. 그 유력(遊歷)하는 동안의 이야기로서 다음과 같은 것이 전해진다.

산서(山西)의 북부를 지날 때, 개섭(蓋聶)이라는 자와 칼에 대해 논했다. 개섭이 화를 내고 노려보자, 형가는 곧 일어나 떠나가 버렸다. 어떤 이가 개섭에게 형가하고 다시 한 번 논하면 어떻겠느냐고 하자, 이렇게 말했다.

"아니야, 여관에 가 보게나, 벌써 떠나고 없을 테니까."

그래서 사람을 시켜 여관에 가 보니 과연 형가는 떠나버린 뒤였다. 이 말을 들은 개섭이 말했다.

"물론 그렇겠지. 방금 내가 노려보아 위협을 주었으니까."

또 형가가 한단(邯鄲)에 갔을 때다. 노구천(魯句踐)이란 자와 쌍륙(雙六)놀이를 하여 승부를 다투었다. 노구천이 화를 내며 소리치자 형가는 말없이 도망쳐 다시는 돌아오지 않았다고 한다.

그는 연(燕)나라로 갔다. 거기서 사귄 것이 전광(田光)과 축(筑)의 명수인 고점리(高漸離)였다. 축은 거문고와 비슷한 악기로서 대나무로 만든 현을 퉁겨서 소리를 낸다.

이 두 사람과 형가는 날마다 큰 길거리로 나가 술을 마셨다. 취기가 돌면 고점리는 축을 퉁기고 형가는 거기에 맞추어 노래하며 함께 즐겼다. 감정이 극에 달하면 함께 울기도 했다. 마치 곁에 아무도 없는 듯이 했다(傍若無人).

「방약무인」이란 말은《사기》자객열전에 나오는 것이 처음이다. 곁에 아무도 없는 것같이 남의 눈도 생각하지 않고 제멋대로 행동하는 것이다. 그 때의 사람들은 대개가 형가의 이 행동을 그렇게 생각하고 있었겠지만,「방약무인」하면 제 고집만을 주장하는 무례함을 가리키는 수가 많다. 열심히 골몰해서「방약무인」한 것과 그저 품성에 따라 그런 것과 사람에 따라 각각 다르다.

형가는 나중에 연나라 태자 단(丹)의 부탁을 받고 진왕(秦王)을 쓰러뜨리기 위해 죽음을 다짐한 길을 떠난다. 배웅하는 사람들 틈에 고점리도 있었는데, 그들은 마침내 역수(易水)

가에서 작별하게 되었다. 이때 고점리는 축을 퉁기고 형가는 화답해서 저 "풍소소혜역수한(風蕭蕭兮易水寒)……." 의 노래를 불렀다.

이 두 사람, 형가는 끝내 성사시키지 못한 채 죽고, 고점리는 뒤에 장님이 되면서도 친구의 원수를 갚으려고 진왕을 노리다가 역시 실패하여 형가의 뒤를 따라가게 된다. 그리하여 앞서 말한 노구천은 형가에 대한 자기의 불명(不明)을 부끄럽게 생각했다고 한다.

그러나 이 역수에서 이별할 때, 두 사람은 그와 같은 일을 알 턱이 없었다. 한 사람은 축을 퉁기고 한 사람은 노래하며 마치 곁에 아무도 없는 듯했었을 것이다.

餓虎之蹊(아호지혜)

주릴 餓 범 虎 지름길 蹊

굶주린 호랑이가 다니는 길이란 뜻으로, 아주 위험한 곳을 이르는 말.

진(秦)나라에 인질로 가 있던 연나라 태자 단(丹)이 연나라로 도망해 온 사건이 일어났다. 태자 단은 일찍이 조(趙)나라에 인질로 갔던 일이 있었는데, 조나라에서 태어난 진(秦)나라 왕 정(政)은 어려서부터 태자 단과 사이가 좋았다.

정이 즉위하여 진나라 왕이 되었을 때 단은 다시 진나라에 인질로 갔다. 그런데 진나라 왕이 연나라 태자 단에 대한 대우가 좋지 않았다. 그래서 단은 이를 원망하고 도망쳐 돌아온 것이다.

연나라로 돌아온 단은 누군가 진나라 왕에게 보복해줄 사람을 찾았으나, 나라가 작아서 힘이 미치지 못했다.

이 때 마침 진나라 장군 번오기(樊於期)가 진나라 왕에게 죄를 짓고 연나라로 도망해 오자, 태자는 번오기를 받아들여서 관사에 머무르도록 했다. 그러자 국무가 말했다.

"그것은 좋지 않습니다. 그렇지 않아도 포학한 진나라 왕은 갖가지 노여움을 연나라에 품고 있어 한심한 지경인데, 게다가 번장군이 연나라에 있다는 사실을 들으면 어떤 일을 저지를지 모를 일입니다. 마치 굶주린 호랑이가 다니는 길(餓虎之蹊)에 고기를 두는 것과 마찬가지니, 화를 부르게 될 것은 뻔한 일입니다."

"번장군은 천하에 몸을 둘 곳이 없어 궁한 나머지 내게로 몸을 의지하러 온 것이오. 아무리 강한 진나라가 위협을 해 오더라도 애련한 정을 버리고 그를 내줄 수는 없소."

그런데 결국은 번오기가 자살을 하자, 그의 목을 가지고 진왕을 암살하려고 형가를 진왕에게 보냈으나 실패에 그치고 만다.

壯士一去不復還(장사일거불복환) 씩씩할 壯 갈 去 돌아올 復 돌아올 還

장사는 한번가면 다시 오지 못한다.

춘추전국시대에는 적국의 왕후(王侯)를 암살하기 위하여 한 자루의 비수(匕首)에 생명을 걸고 적지에 들어가는, 소위 자객(刺客)이 특히 많았다. 그 중 가장 유명한 것이 형가(荊軻)이다.

형가는 위(衛)나라 태생이었지만, 조국에서 등용되지 못하고 여러 나라를 편력하다가 연(燕)에 이르렀다. 그곳에서 항간에 인망이 높았던 임협지사(任俠之士) 전광(田光)의 지우(知遇)를 받게 되었다.

그는 또한 축(筑 : 거문고와 비슷한 대로 만든 악기)의 명수 고점리(高漸離)와 의기가 맞아 두 사람은 항상 술을 마시고 취하면 고점리는 축을 켜고, 형가는 그에 답하여 노래를 불러 「방약무인(傍若無人)」한 행동을 취하는가 하면 혼자서 독서도 하고 또한 칼을 가는 일도 게을리하지 않았다.

진(秦)이 차츰 천하통일을 진척시키고 있을 무렵이었다. 한(韓)을 멸하고 조(趙)를 망하게 한 진(秦)은 조(趙)와 연(燕)의 국경을 흐르는 역수(易水)에 이르러 장차 연으로 쳐들어갈 태세를 갖추고 있었다.

연의 태자 단(丹)이 그 때, 진왕 정(政 : 후의 시황제)을 암살할 자객으로 선발해 놓은 것이 전광이었다. 그러나 전광은 자기의 노령을 생각하여 형가를 천거하고 그 결의를 격려하기 위하여 스스로 목을 베어 죽었다. 대사(大事)의 명을 받고서도 이루지 못하는 노골(老骨)의 몸으로 태자를 위하여 할 수 있는 유일한 길이라고 생각하였던 것이다.

그 무렵, 진에서 번오기(樊於期)라는 장군이 연으로 도망와서 태자 단에게 몸을 숨기고 있었다. 형가는 진왕이 막대한 상금을 걸고 번오기의 목을 구하고 있다는 것을 알자, 그 목과 연의 독항(督亢 : 연에서 가장 비옥한 땅)의 지도를 가지고 가면 진왕은 마음을 놓고 인견해 주리라 생각하고 그 일을 태자 단에게 간곡하게 설득했다.

태자 단은 형가를 일각이라도 빨리 진에 보내고자 초려(焦慮)하면서도 번오기를 차마 벨 마음이 내키지 않았다. 형가는 그것을 알아차리고 스스로 번오기를 만나 죽어 달라고 요청하였다. 그것이 진왕에 대한 번오기의 원한을 풀고 태자 단에 대한 보은(報恩)도 되며 또한 연나라의 우환(憂患)도 제거하는 길이라고 설득하였던 것이다. 번오기 역시 전광이 한 것과 같이 형가의 앞에서 스스로 목을 베어 죽었다.

번오기의 목과, 독항(督亢 : 하북성 탁현 동남쪽의 비옥한 땅)의 지도 외에 형가는 같이 갈 우인을 기다리고 있었다. 태자 단이 진무양(秦舞陽)이라는 젊은 부사(副使)를 붙여 주었으나, 형가는 진무양이 믿음직한 사람이 못 된다고 생각하였다. 우인은 먼 곳에 있었기 때문에 좀처럼 오지 않았다.

태자 단은 이미 출발 준비가 다 되었음에도 불구하고 형가가 떠나지 않는 것을 보고 더욱 초조하여, 진무양 한 사람만이라도 먼저 보내려 하였다. 형가도 할 수 없이 우인을 기다리지 못하고 떠나기로 하였다.

진무양을 혼자 보낸다는 것이 위험하다고 생각하였기 때문이다. 거기다 시기도 절박하였고 태자의 초조함도 모르는 바가 아니었다.

태자 단을 비롯하여 사정을 잘 아는 몇 사람만이 상복으로 갈아입고 역수 강가에까지 바래주러 나갔다.

이제 서로 헤어지는 마당이다. 고점리는 축을 켜고, 형가는 그에 답하여 노래를 불렀다. 역수의 바람은 차서 살을 에는 듯하였으며, 고점리의 축을 켜는 소리와 형가의 노랫소리는 사람들의 마음을 비장하게 흔들어 놓았다.

진에 가면 아마도 살아서는 돌아오지 못하리라. 이것이 형가를 보는 마지막이라고 생각하자, 고점리는 암연히 눈물을 지어 축을 켜며 친구를 보냈다. 형가도 노래를 불렀다.

바람은 쌀쌀 불고 역수는 찬데
장사 한번 가면 다시 못 오리

風蕭蕭兮易水寒　풍소소혜역수한
壯士一去不復還　장사일거불복환

그 소리는 사람들의 폐부를 에는 듯했다. 사람들은 모두 눈을 부릅떠 진 쪽을 노려보고, 성난 머리카락은 충천하여 관(冠)을 뚫을 듯하였다(怒髮衝冠).

형가는 떠났다. 그 모습은 멀리 사라지고 말았다. 진에 도착한 형가는 번오기의 목과 독항의 지도를 가지고, 진왕 정(政) 가까이 가 비수 일섬(一閃)을 날렸으나 진왕은 날래게 몸을 피하고, 형가의 손에는 단지 왕의 소매 한쪽만이 남았다. 뒤에서 왕을 꽉 부둥켜안기로 한 진무양은 힘도 써보지 못하고 사람들에게 찍혀 눌리고 말았던 것이다.

형가는 마침내 뜻을 이루지 못하고 스스로 자기 가슴을 펴 진왕에게 찌르도록 하였다. 진왕 정 20년 연왕 희 28년, 기원전 228년의 일이었다. 진이 천하를 통일하여 시황제라고 일컬은 것은 그로부터 7년 후이다.

여기서 "바람은 쌀쌀 불고 역수는 찬데(風蕭蕭兮易水寒)." 하는 명구도 나왔다.

풍 소 소 혜 역 수 한
風蕭蕭兮易水寒 맑은대쑥 蕭 어조사 兮 바꿀 易 찰 寒

바람은 쌀쌀 불고 역수는 차다.

형가가 태자 단을 도와 진시황을 암살하기 위해 연나라를 떠나 역수 가에 도달해서 태자 단과 헤어지는 장면이다. 고점리는 축을 켜고, 형가는 그에 답하여 노래를 불렀다. 역수의 바람은 차서 살을 에는 듯하였으며, 고점리의 축과 형가의 노랫소리는 사람들의 마음을 비장하게 흔들어 놓았다.

진에 가면 아마도 살아서는 돌아오지 못하리라. 이것이 형가를 보는 마지막이라고 생각하자, 고점리는 암연히 눈물을 지어 축을 켜며 친구를 보냈다. 형가도 노래를 불렀다.

노래는 위 항 ☞ 「장사일거불복환(壯士一去不復還)」 참조.

그 소리는 사람들의 폐부를 에는 듯했다. 사람들은 모두 눈을 부릅떠 진 쪽을 노려보고, 성난 머리카락은 충천하여 관(冠)을 뚫을 듯하였다(怒髮衝冠).

그리고 형가는 떠났다.

圖窮匕見(도궁비현) 꾀할 圖 떨어질 窮 비수 匕 나타날 見(현)

일이 탄로 나다. 음모가 폭로되다.

전국시대 연나라는 진(秦)나라의 침범을 자주 받곤 하였는데, 태자 단(丹)까지 인질로 진나라에 잡혀간 일조차 있었다.

단은 훗날 본국으로 돌아온 뒤 늘 복수를 꿈꾸면서 진왕 정(政 : 뒷날의 진시황)을 암살할 계획을 꾸미던 중에 형가(荊軻)라는 자객을 만나게 되었다.

형가는 원래 위(衛)나라 사람이었다. 나중에 연나라에 와서 고점리 등 협객들과 사귀면서 뜻을 키우고 있었다.

그때 태자 단은 원한을 갚을 마음이 간절했기 때문에 자신의 스승 국무를 통해 형가를 만나게 되었고, 세 사람이 함께 복수할 방도를 상의하게 되었다.

이리하여 형가는 그때 진왕에게 미움을 받아 연나라에 피신해 있던 진나라 장수 번오기(樊於期)의 머리를 베어 가지고 연나라의 남부지방인 독항(督亢)의 지도와 함께 칼날에 독을 바른 비수를 지도 안에 넣어 가지고 연나라의 사신으로 진나라에 파견되었다.

연나라 사신의 선물을 받은 진왕은 기뻐서 어쩔 줄을 몰라 했다. 진왕은 번오기의 머리를 한쪽에 밀어 놓고는 천천히 지도를 펼쳐 보았다. 돌돌 말린 지도가 풀리자 그때 시퍼런 비수가 뎅그렁 하고 땅에 떨어졌다(秦王發圖 圖窮而匕首見).

이때 형가는 재빨리 비수를 집어 들고 진왕에게 다가갔으나 성공하지 못하고 도리어 자신이 잡혀 살해되고 말았다.

형가탑

이사열전(李斯列傳)

분 서 갱 유
焚書坑儒 불사를 焚 책 書 구덩이 坑 선비 儒

책을 불사르고 유생(儒生)들을 산 채로 구덩이에 묻어 죽임. 상황을 고려하지 않고 발본색원하는 폭정을 비유하여 일컬음.

진시황 34년 시황은 함양궁에서 술자리를 베풀었다. 이때 군현제도를 찬양하는 복야(僕射) 주청신(周靑臣)과 봉건제도의 부활을 주장하는 박사 순우월(淳于越)이 시황 앞에서 대립된 의견을 놓고 싸웠다.

시황은 이 문제를 신하들에게 토의하게 했다. 승상 이사(李斯)는 순우월의 의견을 몹시 못마땅하게 생각했다. 진시황의 독재 뒤에는 이사의 이기적인 칼날이 언제나 빛나고 있었다.

이사는 선비들의 그런 태도는 임금의 권위를 떨어뜨리고 당파를 조성하는 결과를 가져오므로 일절 금해야 한다고 주장하고, 구체적으로 이 같은 안을 제시했다.

"사관(史官)이 맡고 있는 진나라 기록 이외의 것은 모두 태워 없앤다. 박사가 직무상 취급하고 있는 것 이외에 감히 시서(詩書)나 백가어(百家語) 들을 가지고 있는 사람은 모두 고을 수령에게 바쳐 태워 없앤다.

감히 시서를 말하는 사람이 있으면 모두 시장바닥에 끌어내다 죽인다. 옛것을 가지고 지금 것을 비난하는 사람은 일족을 모두 처형시킨다. 관리로서 이를 알고도 검거하지 않는 사람도 같은 죄로 다스린다.

금령이 내린 30일 이내에 태워 없애지 않는 사람은 이마에 먹물을 넣고 징역형에 처한다. 태워 없애지 않는 것은 의약(醫藥) · 복서(卜筮) · 농사(種樹)에 관한 책들이다. 만일 법령을 배우고자 할 때는 관리에게 배워야 한다."

시황은 이사의 말을 채택하여 실시케 했다. 이것이 「분서(焚書)」다. 당시의 책은 오늘날과 같이 종이에 인쇄하여 대량으로 생산하는 것이 아니고, 대쪽(竹片)에 붓으로 써 놓은 것이며, 한번 잃으면 또다시 복원할 수 없는 것도 많았다.

여하튼 인간의 문화에 대한 반역으로서 단연코 용서할 수 없는 일이다.

이듬해인 35년에는, 진시황이 불로장생을 원한 나머지 신선술을 가진 방사(方士)들을 불러 모았다. 그 중에서도 특히 우대를 한 것이 후생(侯生)과 노생(盧生)이었다. 그런데 그들은 진시황의 처사에 불안을 느꼈는지 시황을 비난하고 자취를 감추어 버렸다.

격노한 시황에게 정부를 비난하는 수상한 학자가 있다는 보고가 들어왔다. 시황은 어사를 시켜 학자들을 모조리 잡아다가 심문했다. 사실상 학자들은 비난한 일이 없지도 않은 터라 서로 책임전가를 하며 자기만 빠지려 했다.

그 결과 법에 저촉된 사람이 460여 명이나 되었다. 이들은 모두 함양 성 안에 구덩이를 파고 묻게 했다. 널리 천하에 알려 다시는 임금이나 정부가 하는 일을 비판하는 일이 없도록 하기 위해서였다. 이것이 「갱유(坑儒)」다.

왕정의 기초를 공고히 하려는 시황제의 가법혹정(苛法酷政)은 「분서」나 「갱유」 같은 사상 드물게 보는 폭거를 저지른 것이다.

진시황

그러나 이 「분서갱유」를 대단치 않은 사건으로 보는 학자도 있다. 죽은 사람은 460명뿐이었고, 책들은 사실상 참고를 위해 몇 벌씩 정부 서고에 보관되어 있었다. 그것을 불살라 버린 것은 실상 항우였다.

泰山不辭土壤 (태산불사토양) 클 泰 뫼 山 사양할 辭 흙 土 흙 壤

태산은 작은 흙덩어리도 가리지 않고 받아들임으로써 큰 산이 되었다는 뜻으로, 도량이 매우 넓음을 이르는 말이다.

또 사소한 의견이나 인물을 수용할 수 있는 자만이 큰 인물이 될 수 있음을 비유하여 이르는 말이다.

이사(李斯)는 초(楚)나라 사람으로 순경(荀卿)을 섬기면서 제왕의 통치술을 익힌 후, 더 큰 뜻을 펼치기 위해 초나라를 떠나 진(秦)나라로 갔다.

마침 진나라 장양왕(莊襄王)이 죽자, 이사는 진나라 승상 여불위(呂不韋)의 가신(家臣)이 되었다. 여불위는 그를 신임하여 시위관(侍衛官)에 임명하였다. 이후 이사는 진나라 왕에게 유세할 기회를 얻어 큰 신임을 얻게 되어 객경(客卿)의 자리에 올랐다. 객경이란 다른 나라 인사를 등용하여 공경(公卿)의 자리에 해당하는 직위를 주는 것을 말한다.

그런데 한(韓)나라에서 온 정국(鄭國)이라는 자가 논밭에 물을 대는 운하를 만든다는 명목 하에 진나라의 인력과 자원을 소비시켜 동쪽 정벌을 포기하게 하려는 음모를 꾸몄다가 발각되는 일이 발생했다.

이 일이 일어나자, 왕족과 대신들은 모든 빈객을 축출하자고 들고 일어났고 그리하여 축객령(逐客令 : 외국인 추방령)이 내려지고 이사도 논의의 대상이 되어 추방자 명단에 올라 있었다.

그러자 이사는 글을 올려 진나라 왕에게 이렇게 말했다.

"저는 '땅이 넓으면 곡식이 많고, 나라가 크면 백성이 많으며, 군사가 강하면 병사가 용감하다.' 는 말을 들었습니다. 마찬가지로 태산(泰山)은 한 개의 흙덩어리의 흙도 사양하지 않았기에 그렇게 클 수 있었으며, 강과 바다는 가는 물줄기도 가리지 않았기에 깊으며(泰山不壤土壤 故能成其大 河海不擇細流 故能就其深), 왕자는 한 사람의 인간이더라도 버리지 않아야만 덕이 빛나는 것입니다.

따라서 왕의 땅에는 사방의 구별이 없고, 왕의 백성에는 이국(異國)의 차별이 없으며, 네 계절이 조화되어 각기 아름다움이 충만해야만 귀신도 성대(聖代)를 칭송하여 행운을 내리는 법입니다.

이런 것들이 오제 삼왕에게 적이 없었던 이유입니다. 그런데 지금에 와서는 백성을 버려서 적국을 이롭게 하고 빈객과 천하의 인재들을 내몰아 진나라에 공을 세우지 못하게 하고, 다시는 진나라로 들어오는 것조차 못하게 하고 있습니다.

이는 '적에게 병사를 빌려주고 도적에게 양식을 보내주는(藉寇兵而齎盜糧)' 격입니다. 진나라에서 나지 않는 물건 중에 보배로운 것이 많고, 진나라에서 태어나지 않은 인재 중에 진나라에 충성하려는 자들이 많습니다.

지금 빈객들을 내쫓아 적국을 이롭게 하고 백성을 적국에 가게 하면 이 나라는 텅텅 비고 나라 밖 제후들에게는 원한을 사게 되어 뒤늦게 나라를 구하려 해도 늦습니다."

이 상소문을 읽고 진나라 왕은 빈객들을 축출하지 않았다.

이것이 이사가 시황에게 올린 「상진황축객서(上秦皇逐客書)」이다.

이 글을 읽은 진나라 왕은 축객령을 해제하고 이사를 복직시켰으며, 그의 계책을 썼고 그를 정위(廷尉 : 옥獄을 다스리는 관리)로 임명했다. 그 후 20여 년 만에 마침내 천하는 통일되었고, 왕을 받들어 황제(皇帝)로 했으며, 이사를 정승자리에 앉혔다.

군현에 있는 성벽을 허물고 무기를 녹여 두 번 다시 사용하지 않을 것을 보여주었다. 진나라가 한 자의 땅도 남에게 봉해 주는 일이 없었고, 황제의 자제를 세워 왕을 삼거나, 공신을 봉하여 제후를 삼거나 하지 않은 것은 뒷날 전쟁의 근심을 없애기 위함이었다.

여기서「태산불양토양(河海不擇細流)」,「하해불택세류(河海不擇細流)」성어가 생겨난 것이다.

자 모 패 자
慈母敗子

사랑 慈 어미 母 패할 敗

무른 어머니에게는 응석받이 자식이 길러진다. 과보호는 아이들을 잘못되게 만든다는 것.

"자애로움이 지나친 어머니 밑에서는 몹쓸 자식이 나온다."라는 뜻으로, 자식에 대한 사랑이 지나치면 그 자식이 방자하고 버릇없는 사람이 됨을 비유하는 말이다.

"그런 까닭에 한비자는, '자애로운 어머니에게 방탕한 자식은 있지만, 엄한 집안에 거역하는 종은 없다(故韓子曰 慈母有敗子而嚴家無格虜者).' 라고 하였으니, 왜 그렇겠습니까? 바로 벌을 줄 만한 일은 반드시 벌을 주기 때문입니다."

이 말들은 원래 엄격한 법치(法治)를 주장하기 위하여 인용된 것이다. 가풍이 엄격한 집안에는 이를 거스르는 사나운 종이 있을 수 없지만, 어머니가 지나치게 사랑을 쏟으면 그 자식은 응석받이가 되어 점점 버릇없고 방자하게 자라 결국에는 집안을 망치게 될 수도 있다.

요즈음 말로 하면 과잉보호로 키운 자식이 패가망신(敗家亡身)에 이르는 격이다. 옛날에는 엄부자모(嚴父慈母)를 이상적인 부모상으로 삼기도 하였으나, 자애로움이 지나치면 자식을 망치게 된다. 그래서 「자모패자」는 이를 경계하는 뜻으로 사용된다.

지록위마 指鹿爲馬 　　가리킬 指 사슴 鹿 할 爲 말 馬

억지를 써서 남을 궁지로 몰아넣다. 윗사람을 농락하여 권세를 휘두름.

"사슴을 가리켜 말이다."라는 뜻으로, 누구나 아는 사실을 옳다거나, 아니라고 고집을 하며 남을 궁지로 몰아넣는 것을 말한다. 또 이 말이 처음 생겨나게 된 고사에 따라 윗사람을 농락하여 권세를 마구 휘두르는 방자한 행동을 가리켜 말하기도 한다.

진시황 37년 7월, 시황제는 순행 도중 사구(沙丘)의 평대(平臺)에서 죽는다. 시황은 죽기에 앞서 만리장성에 가 있는 태자 부소(扶蘇)를 급히 수도로 불러올려 장례식을 치르라는 조서를 남겼다. 그러나 이 조서를 맡은 내시 조고(趙高)가 시황을 따라온 후궁 소생 호해(胡亥)를 설득시키고 승상 이사(李斯)를 협박하여 시황의 죽음을 비밀에 붙이고 수도 함양으로 들어오자, 거짓 조서를 발표하여 부소를 죽이고 호해를 보위에 앉힌다. 이것이 2세 황제다.

2세 황제 밑에서 순식간에 출세하여 진의 실권을 잡은 것이 조고이다. 사람들로부터 천대받는 거세자(去勢者)인 환관이었다. 호해는 즉위하자마자, "짐은 천하의 모든 쾌락을 다하면서 일생을 보내고 싶다."라고 말한 인물이다. 조고는 이 말에 만족한 웃음을 띠면서 대답했다.

"참으로 훌륭한 말씀이십니다. 그러기 위해서는 먼저 법을 엄하게 하고 형벌을 가혹하게 하여 법의 무서움을 알리는 것이 첫째입니다. 다음에는 선왕 이래의 구신(舊臣)을 모두 제거하고 폐하의 마음에 드는 새 사람을 등용하시면 그들은 폐하를 위해 분골쇄신 정치에 힘을 쓸 것입니다. 그렇게 되면 폐하께서는 마음 놓고 즐기실 수 있을 것입니다."

"옳거니, 그렇겠구려."

이렇게 해서 조고는 라이벌 이사를 죽이고 선제 이래의 대신, 장군, 그리고 왕자까지도 살육하고 승상자리에 올라 실권을 잡았다.

그리고 마침내는 호해를 폐하고 제위에까지 오르려는 음모를 꾸몄다. 그러나 그렇게 하려면, 궁정에 있는 자들이 아직도 호해를 따르고 있는지, 아니면 자기를 따르는지 확인을 해볼 필요가 있었다. 그리고 만약 자기를 따르지 않으면 좋지 않다는 것을 보일 필요가 있었다. 이 목적을 위해 조고는 실로 괴상야릇한 시위 방법을 생각해 낸 것이다.

조고가 말했다.

"이것이 말이옵니다."

그러자 2세 황제는 웃으며 말했다.

"승상이 실수를 하는구려. 사슴을 보고 말이라고 하니?"

"아닙니다, 말이옵니다."

2세는 좌우에 있는 시신들에게 물었다. 어떤 사람은 잠자코 있고, 어떤 사람은 조고의 편을 들어 말이라고 하고, 혹은 정직하게 사슴이라고 대답하기도 했다.

그러자 조고는 사슴이라고 말한 사람은 모조리 법률로 얽어 옥에 넣고 말았다. 그 뒤로 모든 신하들은 조고가 무서워 그가 하는 일에 다른 의견을 말하지 못했다는 것이다.

그러나 이때는 이미 온 천하가 반란 속에 물 끓 듯하고 있을 때였다. 조고는 2세를 더는 숨길 수 없게 되자, 그를 죽이고 부소의 아들 자영(子嬰)을 임시 황제 자리에 앉혔다. 그러나 조고는 자영에게 죽고 만다.

불에 싸인 집안에서 권력다툼을 하는 소인의 좁은 생각은 그것이 남을 해칠 뿐만 아니라 자신을 해치는 것인 줄을 알리가 없었다. 이래서 억지소리로 남을 몰아세우는 것을 「지록위마」라고 하게 된 것이다.

지록위마

몽염열전(蒙恬列傳)

성명낭자
聲名狼藉

소리 聲 이름 名 이리 狼 깔개 藉

명성이 사방에 자자하다. 그러나 그 명성은 악명을 말하는 것이니, 결국 명성이 땅에 떨어지거나 훼손되어 버린 것을 뜻한다.

"명성은 이리의 깔개."라는 뜻으로, 악명으로 평판이 나빠져서 명성이 땅에 떨어진 것을 말한다.

중국 진(秦)나라 때 전공을 세워 시황제의 신임을 얻은 장군 몽염(蒙恬)과 몽의(蒙毅) 형제는, 진시황이 죽은 뒤 그의 아들 호해(胡亥)가 2세 황제로 즉위하자 승상 이사(李斯)와 조고(趙高)의 흉계로 호해의 명령에 따라 자살하였다.

죽기 전에 몽의는 이렇게 말했다.

"진나라 목공(穆公)은 충신이었던 침호(針虎)와 엄식(奄息) 등을 죽이고, 소양왕(昭襄王)은 백기(白起)를 죽였다. 초(楚)나라의 평왕(平王)은 오사(伍奢)를 죽였으며, 오(吳)나라 왕 부차(夫差)는 오자서(伍子胥)를 죽였던 것이다. 이 군주들은 어질고 착한 신하들을 죽여서 비난을 받아 명성이 사라졌으므로 왕에게 죄 없는 신하들을 죽이지 말라고 전해주십시오."

몽의의 말을 따르지 않은 호해는 몽의와 몽염이 자결하게 하였는데, 이것에 관하여 《사기》 색은(索隱)에는 "좋지 않은 평판이 이리들이 깔던 풀과 같이 여러 나라에 널리 퍼져나갔다(惡聲狼藉布于諸國)." 라고 기록되어 있다.

몽 염

위표 · 팽월열전(魏豹彭越列傳)

席卷(석권)　　자리 席 말 卷

어느 부분을 자신의 손아귀에 넣어 좌지우지함.

자리를 만다는 말이 「석권」이다. 자리를 말 듯이 한쪽에서부터 토지를 공격해 전체를 차지하는 것을 말한다.

초나라의 항우와 한나라 유방이 천하를 두고 다투고 있을 무렵 위표(魏豹)와 팽월(彭越)이라는 사람이 있었다.

위표는 처음에는 항우로부터 위왕(魏王)으로 봉해졌는데, 나중에 항우를 배신하고 유방에게 붙어 팽성(彭城)을 함락시켰다. 그러나 유방이 패배하자 다시 배신을 했는데, 화가 난 유방은 한신에게 토벌케 하여 포로로 잡았다가 주가(周苛)에게 명령을 내려 죽이게 하였다.

팽월은 원래 유방의 부하였는데, 유방이 진희(陳豨)의 반란을 평정하기 위해 출병을 마무리했지만 머뭇거리다가 반란의 혐의가 씌워져 오히려 체포를 당하고 말았다. 그 뒤 그도 역시 여후(呂后)의 건의로 죽음을 당했다.

이를 두고 사마천은 이렇게 말했다.

"위표와 팽월은 비천한 집안 출신으로 천리의 땅을 석권

(席卷)한 인물이다.……그 명성이 날로 높아졌지만, 반란을 도모하다가 패하자 스스로 목숨을 끊지 않고 포로가 되어 죽음을 당한 것은 무슨 까닭인가? 그것은 두 사람이 모두 지략이 뛰어나 몸만 무사하면 후일 다시 큰일을 도모할 기회가 올 것이라고 기대해서 포로가 되는 것도 마다하지 않았기 때문이다."

팽 월

회음후열전(淮陰候列傳)

과하지욕 袴下之辱 사타구니 袴 욕되게 할 辱

기어서 가랑이 밑을 빠져 나갔다는 말로서, 굴욕을 참는 일, 큰 뜻을 품은 사람은 쓸데없는 일로 승강이하지 않음을 비유하는 말.

인욕(忍辱), 치욕(恥辱)을 참는다는 뜻으로 큰일을 위해서는 목전의 작은 이익에 현혹(眩惑)되어서도 안 되지만, 굴욕 또한 참고 견뎌낼 줄 알아야 한다는 뜻이기도 하다.

유방(劉邦)이 항우(項羽)를 이기고 한(漢)나라를 세우는 데 가장 큰 공헌을 한 이를 꼽는다면 회음후(淮陰侯) 한신(韓信)을 빼고는 이야기할 수가 없을 것이다.

한신이 아직 평민으로 있을 때, 가난하고 방종하여 관리가 되고자 해도 추천 한 번 받아보지 못하고, 또 장사를 해서 생업을 이어나갈 재간도 없었으므로 늘 남의 집에 얹혀서 얻어먹고 있었다. 그리하여 그를 아는 사람은 누구나 그를 싫어했다.

그는 일찍이 회음의 시골 남창(南昌)의 정장(亭長) 집에서 자주 기식(寄食)을 했는데, 때로는 몇 달씩 계속 머무르는 수도 있어 정장의 아내는 한신을 싫어했다.

그녀는 어느 날 아침 일찍 밥을 지어 이불 속에서 먹어치웠다. 식사 때가 되어 한신이 가자 식사 준비를 하지 않았다. 그래서 한신도 그 뜻을 눈치 채고 노하여 마침내 그 집과 발을 끊기로 하고 떠나가 버렸다.

그의 고향 회음(淮陰)에서 있었던 일이다. 어렵게 지내고 있었으므로 다들 그를 보면 업신여기거나 놀려대곤 했다. 한번은 회음의 푸줏간 패거리들 가운데 젊은이 한 사람이 한신을 같잖게 보고 놀려댔다.

"너는 덩치는 커가지고 늘 칼을 차고 다니지만, 실속은 겁쟁이일 게다."

구경꾼들이 모여들자, 그는 한신의 면전에서 욕까지 해댔다.

"네가 나를 죽이고 싶거든 그 칼로 나를 찔러 보아라. 만약 죽일 수 없다면 내 가랑이 밑으로 지나가거라."

한신은 그를 물끄러미 바라보다가 이윽고 허리를 굽히고 땅바닥에 배를 깔고 엎드려서 그의 가랑이 밑으로 기어서 빠져 나갔다(韓信出袴下). 시장바닥 사람들은 모두 한신을 겁쟁이라며 비웃었다.

이 일로 해서 온 장바닥 사람들은 다들 그를 겁쟁이라고 비웃었다. 하지만 그는 기개가 남달랐다.

그 후 이 점을 정확하게 꿰뚫어 보았던 이가 소하(蕭何)였다. 그를 유방에게 적극 추천했을 뿐만 아니라 대장군(大將軍)에 임명토록 함으로써 한신은 비로소 역사의 무대에 등장한다.

國士無雙 (국사무쌍)

쌍 雙

한 나라에 둘도 없는 훌륭한 인물. 천하제일의 인물.

「국사(國士)」란 나라의 선비, 즉 전국을 통한 훌륭한 인물을 말한다. 이 말은 소하(簫何)가 한신을 가리켜 말한 데서 비롯된 것이다.

한신은 회음(淮陰 : 강소성) 사람으로, 젊었을 때는 집이 몹시 가난한데다가 농사일이나 글공부 같은 데는 별로 관심이 없이 하늘을 날고 싶은 큰 뜻만을 품고 다녔기 때문에 생활이 말이 아니었다.

언젠가는 한신이 강가에서 낚시를 하고 있는데, 한신의 배고픈 기색을 본 한 무명 바래는 일을 하는 노파가 자기가 먹으려고 싸가지고 온 점심을 그에게 주었다.

그 노파는 무명을 바래러 나올 때마다 수십여 일을 두고 매일같이 한신에게 점심밥을 나눠주었다. 한신이 감격한 나머지 이렇게 말했다.

"언젠가는 이 은혜를 갚을 날이 반드시 있을 겁니다."

그러자 노파는 성난 얼굴로 핀잔하듯 말했다.

"대장부가 스스로의 힘으로 밥을 먹지 못하는 것이 딱해서 그랬을 뿐, 뒷날 덕을 보려고 그런 것은 아니니, 아예 그런 말은 마시게."

언젠가는 또 한신이 회음 읍내를 거닐고 있는데, 읍내 푸줏간의 한 젊은이가 갑자기 그의 앞을 가로막으며 이렇게 말했다.

"이봐, 자넨 덩치도 크고 제법 칼까지 차고 다니지만, 실상은 겁이 많은 녀석일 게야. 죽는 게 두렵지 않거든, 어디 그 칼로 나를 찔러 봐. 만일 그럴 용기가 없거든 내 바지가랑이 밑을 기어서 지나가야 해."

한신은 난처했다. 한참 바라보던 끝에 엎드려 철부지 녀석의 다리 밑으로 슬슬 기어 나갔다. 온 장바닥 사람들이 한신의 겁 많은 행동을 보고 크게 웃었다.

뒷날, 한신은 초나라 왕이 되어 돌아왔을 때, 무명 바래던 노파에게는 천금을 주어 옛 정에 감사하고, 옛날의 그 젊은이에게는 중위(中尉)라는 수도경비관 벼슬을 내리고는, 여러 장수들을 보며 이렇게 말했다.

"이 사람은 장사(壯士)다. 그 때 나를 모욕했을 때, 내가 어찌 죽일 수 없었겠는가. 다만 죽일 만한 명분이 없었기 때문에 참고 따랐을 뿐이다."

이것은 한신이 지난 날 자기에게 설움을 준 사람들의 불안한 마음을 없애 주기 위한 하나의 계책일 수도 있었을 것이다. 또 일단은 무슨 조치가 있어야만 할 일이었기 때문에 이왕이면 자신의 아량을 보여주는 길을 택했던 것이리라.

실상 천하를 상대하는 한신으로서는 그런 철부지 소년의 탈선행위가 깜찍스럽게도 보였을 것이다.

이것은 뒷날 이야기이고, 한신이 처음 벼슬을 한 것은 항우 밑에서였다. 기회 있을 때마다 항우에게 의견을 말해 보았으나, 전연 상대조차 하려 하지 않았다.

항우는 자기 힘만 믿고 인재를 구할 생각이 없었으며, 또 그만한 눈도 없었다.

한신은 항우 밑에서 도망쳐 멀리 유방을 찾아 한나라로 들어갔다. 한나라 장군 하후영(夏侯嬰)에게 인정을 받아 군량을 관리하는 치속도위(治粟都尉)에 임명되었는데, 이 때 승상인 소하와 알게 되었다.

소하는 한신을 한고조 유방에게 여러 번 추천했으나 써 주지 않았다. 역시 사람 보는 눈이 없었던 것이다. 이윽고 항우의 세에 밀려 유방이 남정(南鄭)으로 떠나게 되자, 군대와 장수들이 실망 끝에 자꾸만 빠져 달아났다. 이에 한신도 더 바랄 것이 없어 그들 뒤를 따랐다.

승상 소하는 한신이 도망갔다는 말을 듣자, 유방에게 미처 말할 사이도 없이 허둥지둥 한신의 뒤를 쫓았다. 소하까지 도망쳤다는 소문이 유방의 귀에 들어갔다. 유방은 두 팔을 잃은 기분으로 어쩔 줄 몰랐다. 소하를 누구보다도 신뢰하고 있었기 때문이다.

이틀 뒤 소하가 한신을 데리고 돌아왔다. 고조는 한편 반갑고 한편 노여웠다.

"어찌하여 도망을 했는가?"

"도망친 것이 아니라, 도망친 사람을 붙들러 갔던 것입니다."

"누구를 말인가?"

"한신입니다."

"거짓말. 수십 명의 장수가 달아나도 뒤쫓지 않던 그대가, 한신을 뒤쫓을 리가 있는가?"

그러자 소하는 이렇게 대답했다.

"다른 장수라면 얼마든지 보충할 수 있습니다. 그러나 한신만은 국사로서 둘도 없는 사람입니다(至如信者 國士無雙). 왕께서 한중(漢中)의 왕으로 영영 계실 생각이라면 한신 같은 사람은 필요가 없습니다. 그러나 천하를 놓고 겨룰 생각이시면 한신을 빼고는 상의할 사람이 없습니다."

이리하여 한신은 소하의 강력한 추천으로 대장군에 임명되어 마침내 항우를 무찌르고 천하를 통일하는 공을 세웠던 것이다.

한신을 쫓는 소하

滅此朝食 (멸 차 조 식)

멸할 滅멸이 此 아침 朝 밥 食

눈앞의 적들을 섬멸한 다음 아침식사를 하겠다는 뜻으로, 원수를 멸하겠다는 절박한 심정과 결의를 비유해서 이르는 말.

한나라의 한신은 장이와 함께 병력 1만을 이끌고 동진하여 정형(井陘)으로 내려가서 조나라를 치려고 했다. 조나라 왕과 성안군(成安君) 진여(陳餘)는 한나라 군사가 쳐들어온다는 말을 듣자 곧바로 군사를 정형구(井陘口)로 집결하도록 했는데, 그 병력이 20만이라고 했다.

한신은 감연히 군사를 이끌고 정형의 좁은 길로 내려가 정형구에서 30리 못 미친 곳에 머물러 야영하고, 그날 밤에 군령을 전하여 가볍게 무장한 기병(奇兵) 2천 명을 뽑아 저마다 붉은 깃발을 들려 샛길로 가서 산에 숨어 있되 조나라 군영(軍營)을 바라보며 대기해 있으라고 했다.

출발할 때 이렇게 훈시했다.

"조나라는 우리 본대가 패주하는 것을 보면 틀림없이 성벽을 비워 두고 우리 군사를 추격할 것이다. 그 때에 그대들은 재빠르게 조나라 성벽으로 들어가 조나라 깃발을 빼내고 우리 한나라의 붉은 깃발을 세우도록 하라."

한편 부장(副將)에게 명하여 가벼운 식사를 나누어주어 병졸들에게 먹인 다음 한신이 말했다.

"오늘은 조나라 군사를 깨뜨린 다음 모두 함께 회식을 하자(滅此朝食)."

모든 장수는 누구도 이 말을 믿지 않았지만, 알겠다는 듯이 응답했다.

"예, 알겠습니다."

한신은 다시 군리(軍吏)를 향하여 말했다.

"조나라 장수는 지형(地形)의 이점을 살려서 이미 누벽(壘壁)을 쌓고 있다. 게다가 그들은 우리 군사가 패주하더라도 우리 대장군의 깃발을 보기 전에는 우리의 선봉을 치려 들지 않을 것이다. 그것은 우리 군대가 좁고 험한 지점에까지 왔다가 중도에서 퇴각할지도 모르겠다고 생각하기 때문이다."

이리하여 한신은 군사 1만을 선발시켜 강을 뒤로 하고 진을 치게 했다(背水陣). 조나라 군사는 이것을 바라보더니 그 어리석음을 비웃어 크게 웃었다. 그러나 마침내 한나라 군사는 조나라 군사를 협공하여 크게 깨뜨렸다. 모든 장수들은 적병의 목과 포로를 내놓으며 전승을 축하했다.

이때 한신에게 이렇게 물었다.

"병법에는 '산과 언덕을 오른쪽으로 하여 등지고 못과 강은 앞으로 하여 왼쪽에 두라.' 고 되어 있습니다. 그런데 이번에 장군께서는 우리에게 명하시되, 이것과 정반대로 강을 등에 지고 포진케 했으며 '조나라를 깨뜨린 다음 다 같이 회식을 하자.' 고 말씀하셨습니다. 저희들은 마음속으로 받아들이

지 않았습니다. 그러나 결국은 이겼습니다. 이것은 어떤 전법입니까?"

"이것도 병법에 있는 것인데, 생각건대 여러 장군들이 보지 못했을 뿐이오. '죽을 땅에 빠뜨린 뒤라야 살 길이 생긴다(陷之死地而後生). 망하게 된 처지에 선 다음에야 비로소 멸망하지 않게 된다.' 란 말이 병법에 있지 아니하오.

나는 평소부터 사대부들을 길들여 따르게 할 수 있었던 것이 아니고, 시장바닥에 있는 사람들을 내몰아서 싸움을 시키는 것과 같았소. 그러므로 그들을 죽을 자리에 놓아두어 나가서 싸움을 하게 한 것이오. 그들에게 살아날 수 있는 틈을 주었다면 모두 도망했을 것이오. 그렇게 되어 가지고는 무슨 일을 할 수 있겠소?"

背水陣 (배수진)

등背 물水 진陣

죽을 각오로 싸움에 임하는 경우의 비유.

「배수진」은 물을 뒤에 등지고 친 진을 말한다. "배수진을 쳤다." 하는 말은, 죽을 각오로 마지막 승부에 임하는 것을 말한다. 이 배수진을 쳐서 최초로 성공한 사람은 한신(韓信)이다. 이때부터 배수진이란 말이 전해지게 되었다. 한신이 조나라를 칠 때 이야기다.

한신은 작전을 짜 놓고 부하 장수들에게 이렇게 말했다.

"우리 주력부대는 퇴각을 한다. 그것을 보면 적은 진지를 비우고 우리를 추격해 올 것이다. 그러면 제군들은 재빨리 조나라 진지로 들어가 조나라 기를 뽑아 버리고 한나라의 붉은 기를 세워라."

그런 다음 부관들에게 가벼운 식사를 시키고 나서는 모든 장수들에게 이렇게 전하게 했다.

"오늘 아침은 조나라를 이기고 난 다음 모여서 잘 먹기로 하자(滅此朝食)."

장수들은 알았다고 대답만 할 뿐 속으로는 코웃음을 쳤다. 한신은 군리(軍吏)들에게 이렇게 말했다.

"조나라 군사는 유리한 곳을 점령하여 진을 치고 있기 때문에 싸움을 서두르지 않을 것이다. 그리고 적은 우리 쪽 대장기를 보기 전에는 나와 싸우려 하지 않을 것이다."

이리하여 한신은 1만의 군사를 먼저 가게 하여 물을 등지고 이른바 「배수진」을 치게 했다.

이하의 이야기는 위 항목(☞「멸차조식(滅此朝食)」)과 같다.

함 지 사 지 이 후 생
陷地死地而後生　빠질 陷 말이을 而

죽을 마당에 이르러야 용기를 내서 다시 살아나게 된다.

사람이 세상을 살아가는 데는 무엇보다 용기와 결심과 노력이 필요하다. 그러나 참다운 용기와 결심과 노력은 죽느냐 사느냐 하는 최후 단계에서 볼 수 있는 것이다.

불리한 외형적인 조건을 극복하려면, 이를 타개해 나갈 수 있는 정신력만이 필요하다. 그것을 유발할 수 있는 동기는 "이제 꼼짝없이 죽었구나." 하는 막다른 골목에 다다랐을 때에 이루어지는 것이다. 「함지사지이후생」은 바로 이 원리를 말한 것이다.

한신(韓信)이 인용한 병법에 있는 말이다. 한신은 얼마 안 되는 군사로 조나라의 20만 대군을 맞아 싸울 때 「배수진(背水陣)」을 이용하여 승리를 거두게 되었다.

이때 부하 장수들이 한신에게 물었다.

"병법에 말하기를, 산과 언덕을 뒤로 하고 물과 들을 앞으로 하라고 했는데, 지금 장군께선 배수진으로 조나라 군사를 깨뜨렸으니 이것은 도대체 무슨 전법입니까?"

그러자 한신이 말했다.

"이것도 병법에 있는 것인데, 생각건대 여러 장군들이 보지 못했을 뿐이오. '죽을 땅에 빠뜨린 뒤라야 살 길이 생긴다, 망하게 된 처지에 놓인 다음에야 비로소 살아난다(陷之死地而後生 置之亡地而存).' 란 말이 병법에 있지 아니하오. 나는 평소부터 사대부들을 길들여 따르게 할 수 있었던 것이 아니고, 시장바닥에 있는 사람들을 내몰아서 싸움을 시키는 것과 같았소. 그러므로 그들을 죽을 자리에 놓아두어 나가서 싸움을 하게 한 것이오. 그들에게 살아날 수 있는 틈을 주었다면 모두 도망했을 것이오. 그렇게 되어 가지고는 무슨 일을 할 수 있겠소."

이 말에 모든 장수들은 탄복을 했다.

"과연 그렇겠습니다."

전쟁만이 아니고 세상 모든 일에 이 원리가 적용되고 있는 것이다.

敗軍之將 不可以言勇 (패군지장 불가이언용)

패할 敗 장수 將 날랠 勇

아무리 용기가 있다 해도 싸움에 진 이상 자랑할 조건이 되지 못한다. 싸움에 패한 장수는 용기에 대해 이야기해서는 안 된다는 뜻이다.

아무리 용기가 있어도 싸움에 진 이상 자랑할 조건이 되지 못한다. "종로에서 뺨 맞고 한강에 가서 눈 흘긴다." 는 식이 되고 말기 때문이다. 이 말은 〈회음후열전〉에 있는 광무군 이좌거(李左車)가 인용한 말이다.

한신(韓信)이 조나라를 쳐서 이긴 뒤 조나라의 뛰어난 모사였던 이좌거를 스승으로 모시고 그에게 앞으로 취해야 할 방법을 가르쳐 달라고 청하자, 이좌거는 이를 사양하여 이렇게 말했다.

"신이 듣기로 '싸움에 패한 장수는 용맹을 말해서는 안 되며, 나라를 망친 신하는 나라를 보존하는 일을 꾀해서는 안 된다(臣聞 敗軍之將不可以言勇 亡國之大夫 不可以圖存).' 고 들었습니다. 지금 저는 패망의 포로로서 어찌 대사를 의논할 수 있겠습니까."

이 말은 이좌거가 만들어 낸 것이 아니고 옛날부터 내려오는 교훈을 인용해서 자기의 처지를 밝힌 것이다. 그리고 그는 한신을 도와 좋은 꾀를 일러주게 된다.

智者千慮 必有一失 (지자천려 필유일실) 슬기로울 智 생각할 慮 잘못할 失

지혜로운 사람도 많은 생각 가운데는 혹 실책이 있을 수 있다. 즉 아무리 지혜가 있는 사람이라도 여러 가지 생각을 하다

보면 한두 가지 미처 생각지 못하는 점이 있다는 말이다.

"원숭이도 나무에서 떨어질 때가 있다."는 우리 속담과 비슷한 뜻이다.

이것과 반대되는 말에 「천려일득(千慮一得)」이 있다. 여러 번 생각을 하다 보면 한 번쯤 맞는 수도 있다. 이 말 역시 「우자천려 필유일득(愚者千慮 必有一得)」이란 말이 약해져서 된 말이다.

즉 아무리 어리석은 사람도 이 생각 저 생각 하다 보면 한 두 번쯤 맞는 수가 있다는 이야기다.

회음후 한신이 조나라를 치게 되었을 때, 광무군 이좌거(李左車)는 성안군(城安君)에게 3만의 군대를 자기에게 주어 한신이 오게 될 좁은 길목을 끊게 해달라고 요구했다. 그러나 성안군은 이좌거의 말을 듣지 않고, 한신의 군대가 다 지나오기만을 기다리고 있다가 패해 죽고 말았다.

이좌거의 말대로 했으면 한신은 감히 조나라를 칠 엄두조차 낼 수 없었다. 한신은 반간을 보내 이좌거의 계획이 뜻대로 이뤄지지 않은 것을 알고 비로소 군대를 전진시켰던 것이다.

한신은 조나라를 쳐서 이기자 장병에게 영을 내려 광무군 이좌거를 죽이지 말 것과, 그를 산 채로 잡아오는 사람에게 천금의 상을 줄 것을 약속했다.

이리하여 이좌거가 포박을 당해 한신 앞에 나타나자, 한신은 손수 그를 풀어 상좌에 앉히고 스승으로 받들었다. 그리고 그가 사양하는 것도 불구하고, 굳이 앞으로 어떻게 하면 좋겠는가를 물었다. 그러자 그는 이렇게 말했다.

"나는 '지혜 있는 사람도 천 번 생각하여 한 번은 실수가 있고, 어리석은 사람도 천 번 생각하여 한 번은 맞는 수가 있다(智者千慮 必有一失 愚者千慮 必有一得).' 는 말을 들었습니다. 그런 까닭에 '미치광이의 말일지라도 성인(聖人)은 이를 골라서 쓴다.' 고 했습니다. 저의 계략은 아마 쓰시기에 합당치 않은 것일지도 모르겠습니다만, 어리석은 충성을 다하여 말씀드리겠습니다."

그리고 한신으로 하여금 연나라와 제나라를 칠 생각을 말고 장병들을 쉬게 하라고 권했다.

결국 한신은 이 이좌거의 도움으로 크게 성공을 하게 된다.

「천려일실」은 너무 안다고 자신하지 말라는 교훈도 되고, 또 실수에 대한 변명이나 위로의 말로 쓰이기도 한다.

천 여 불 취 반 수 기 앙
天與不取反受其殃 줄 與 받을 受 그 其 재앙 殃

하늘이 주는 것을 받지 않으면 도리어 그로 인한 화를 받게 된다.

이 말은 옛날부터 전해지고 있는 것을 괴통(蒯通)이 한신(韓信)을 달래기 위해 인용한 것이다.

한신이 조나라를 깨뜨린 다음 다시 동으로 향해 제나라 전체를 평정하고 제나라 왕이 되자 전세가 차츰 불리해진 것을 느낀 항우는 사람을 보내 한신에게 중립을 지키는 것이 유리한 점을 설득시키려 했다.

그러나 한신은 한왕(漢王)을 배신까지 해가며 자기 이익만을 꾀할 생각은 없었다. 한신의 오늘의 성공은 모두 한왕이 준 것이기 때문이다. 항우의 사신 무섭이 떠나간 다음 제나라 사람 괴통이 천하 대권의 향방이 한신에게 있음을 알아차리고 기책(奇策)으로 한신의 마음을 움직이려고 했다. 그리하여 그는 관상을 볼 줄 안다고 하면서 한신을 설득시키려고 이렇게 말했다.

"저는 일찍이 관상술을 배운 일이 있습니다."

한신이 물었다.

"그대의 관상은 어떤 방법으로 보는 것이오?"

괴통이 대답했다.

"사람의 귀천은 골상(骨相)에 있으며, 기쁨과 근심은 얼굴 모양과 빛깔에 있고, 성공과 실패는 결단력에 달려있습니다.

이것을 모두 합쳐서 생각해 보면 만에 하나도 적중하지 않는 것이 없습니다."

한신이 말했다.

"과연 그렇겠군요. 그런데 선생은 나의 관상을 어떻다고 보오?"

괴통이 말했다.

"주위 사람들을 물려주십시오."

한신은 좌우의 사람을 물린 다음 말했다.

"이제 아무도 없소이다. 선생의 말을 듣고 싶소."

괴통이 말했다.

"대왕의 관상을 보자 하니, 지위는 봉후(封侯)에 머무르고, 더구나 위험하고 안온치가 못합니다. 그러나 대왕의 등을 보니 참으로 존귀하여 입으로는 말을 할 수가 없습니다."

한신이 말했다.

"무슨 말씀이신지?"

그래서 괴통은, 항우와 유방이 맞붙어 싸우고 있는 현시점에서는 한신이 어느 쪽에 가담하느냐에 따라 승부가 결정된다는 점과, 그러므로 한신 스스로 자립하여 천하를 셋으로 나눠 각각 차지하고 있는 것이 유리하다는 점, 그리고 한・초 양쪽에 대해 서로 싸움을 중지할 것을 요구하면, 그것은 전쟁에 시달리고 있는 백성들의 공통된 소망으로 아무도 이를 반대할 사람이 없을 것이며, 온 천하의 기대와 여망이 다 제나라 왕인 한신에게로 모이게 될 것이라는 것을 강조한 다음, 끝으로 이렇게 결론을 내린다.

"대개 말하기를, '하늘이 주는데도 이를 받지 않으면 오히려 그 재앙을 받고, 때가 이르렀건만 행하지 아니하면 오히려 그 화를 입는다(天與不取 反受其咎 時至不行 反受其殃).' 는 말이 있습니다. 바라건대 족하께서 깊이 생각하십시오."

결국 「천여불취 반수기앙」이란 문자는 이 말 전체의 처음과 끝을 합친 것으로, 시기가 왔는데도 실행하지 않는 것까지를 포함해서 하나로 묶은 듯한 느낌을 준다. 그러나 시기가 왔다는 것이 곧 하늘이 준다는 뜻이므로 같은 내용을 달리 표현한 것밖에 더 될 것이 없다.

현재의 어감으로는 「시지불행 반수기앙(時至不行 反受其殃)」이란 말이 더 적합한 말일 것 같다. 아무튼 시기를 놓치지 않는다는 것, 즉 기회를 포착하는 것이 성공의 핵심이 되는 것만은 틀림없는 사실이다.

해의추식
解衣推食

풀 解 옷 衣 밀 推 먹을 食

“옷을 벗어주고 밥을 나누어준다.” 라는 뜻으로, 남을 각별히 친절하게 대하는 것을 비유하는 말이다.

한신(韓信)은 원래 초(楚)나라 항우(項羽)의 밑에 있었으나, 중용되지 않자 한(漢)나라 유방(劉邦)에게 귀순하였다. 유방은 한신을 대장군으로 중용하였다. 한신이 유방의 명을 받아 제(齊)나라를 공격하자, 제나라는 초나라에 구원을 요청하였다.

항우는 부하장수 용저(龍且)에게 20만 대군을 이끌고 제나라를 돕게 하였다. 한신을 이를 대파하고 제왕(齊王)에 봉해졌다. 한신의 능력에 두려움을 느낀 항우는 무섭(武涉)이라는 세객(說客)을 보내 한신으로 하여금 한나라로부터 독립하여 초(楚)・한(漢)・제(齊) 세 나라로 천하를 삼분하자고 제안하였다.

그러자 한신은 이렇게 말하며 거절하였다.

“내가 항왕(항우)을 섬길 때는 낭중(郎中)에 불과하여 창을 들고 문지기 노릇을 하였소. 내 계책이 받아들여지지 않았으므로 초나라를 배반하고 한나라에 귀순한 것이오. 한왕(유방)은 내게 장군의 인수(印綬)를 내리고 수만의 병력을 맡겼으며, 자기 옷을 벗어 내게 입혀 주고 자기 밥을 나누어 주었으며, 내 계책을 받아들였으므로 내가 여기까지 이를 수 있었던 것이오(解衣衣我 推食食我 言聽計用 故吾得以至於此). 무릇 남이 나를 깊이 신뢰하는데 내가 그를 배신하는 것은 상서롭지 못한 일이니 설령 죽더라도 뜻을 바꿀 수는 없소."

狡兎良 死狗烹 高鳥盡 良弓藏
(교토양 사구팽 고조진 양궁장)

교활할 狡 토끼 兎 개 狗 삶을 烹 다할 盡 감출 藏

필요할 때 요긴하게 쓰던 사람이나 물건이 필요 없어지면 버려짐의 비유.

"물을 건너면 지팡이를 버린다."는 말이 있다. 필요할 그때만 지나면 고마운 줄을 모르는 사람의 척박한 심정을 단적으로 나타내는 말이다. 같은 뜻으로 중국에서는 옛날부터, "날랜 토끼가 죽으면 사냥개는 삶긴다(狡兎死而走狗烹)."는 말이 전해 오고 있다.

유방과 항우의 이른바 초한전(楚漢戰)에서, 한고조 유방이 항우를 무찌르고 천하를 차지하는 데 가장 큰 무공을 세운 것은 한신이었다.

그러나 이미 항우가 죽고 난 뒤의 한신은 한고조에게는 둘도 없는 두려운 존재였다. 그 무서운 항우를 능히 쳐서 이긴 한신이 한번 딴 마음을 먹게 되면 천하는 다시 유씨의 손에서 다른 사람의 손으로 넘어가게 될 가능성이 크다.

한신의 공로도 공로지만, 그의 비위를 건드릴 수가 없어 우선 초왕(楚王)이라는 엄청난 자리로 멀리 보내 두었다. 하지만 언제 반기를 들고 일어날지 잠시도 마음이 놓이지 않는 한 고조였다.

그런 판에, 지난 날 항우의 부하로서 유방을 몹시 괴롭힌 바 있는 종리매(鍾離眛)란 장수가 옛날 친구인 한신에게 몸을 의탁하고 있었다. 그 소식을 전해들은 고조는 즉시 한신에게 종리매를 체포하라는 명령을 내렸다. 한신은 차마 옛 친구를 배반할 수 없어 명령에 따르지 않았다.

고조의 속마음을 잘 알고 있는 사람들은 이것을 구실로 한신이 반란을 꾀하고 있다는 고변상소를 올렸다. 고조가 이 문제를 놓고 어전회의를 열었을 때, 장군들은 군대를 거느리고 내려가 한신을 잡아오겠다고 했다.

그러나 진평(陳平)이 말했다.

"초나라는 군사가 날랠 뿐만 아니라, 아무도 한신을 당해낼 수는 없습니다. 섣불리 손을 쓰면 도리어 큰일을 저지르게 됩니다. 그보다도 폐하께서 운몽(雲夢)으로 행차를 하시어 제후들을 초나라 서쪽 국경인 진(陳)으로 모이도록 명령하십시오. 그러면 한신도 자연 그리로 나오게 될 것입니다. 나라를 벗어나 있는 한신을 잡기란 별 어려움이 없을 것입니다."

모이라는 명령을 전해 받은 한신은 일이 심상치 않다는 것을 직감했다. 그래서 군대를 일으켜 반란을 꾀해 볼까도 했지만, 죄를 저지른 일이 없으니 고조를 만나 보는 것이 좋을 것도 같았다.

이렇게 망설이며 고민하고 있는데, 그때 한 사람이 한신에게 말했다.

"종리매를 체포하지 않은 것 때문이니, 그의 목을 베어 폐하를 뵈면 반드시 기뻐하실 것입니다."

그래서 한신은 종리매를 불러서 의논했다. 종리매가 말했다.

"한나라가 초나라를 치지 않는 것은 왕의 휘하에 내가 있기 때문입니다. 만약 왕께서 나를 잡아 한나라에 잘 보이려고 한다면 나는 오늘이라도 죽겠습니다만, 초나라 또한 뒤따라 망할 것이오."

그리고 한신에게 호통을 쳤다.

"왕은 장자(長者)가 아니오!"

종리매는 한신을 꾸짖고 마침내 스스로 목을 찔러서 죽었다. 한신은 그 목을 가지고 진(陳)에서 고조에게 알현했다. 그러자 고조는 무사에게 명하여 한신을 묶게 하고 자기의 뒷수레에 태웠다.

한신이 말했다.

"과연 사람의 말대로 '날랜 토끼가 죽으면 사냥개는 삶기게 되고, 높이 나는 새가 없어지면 좋은 활도 처박히게 되며(狡兎死 走狗烹 高鳥盡 良弓藏), 적국을 깨뜨린 다음에는 모신(謀臣)이 죽게 된다.' 고 했던가. 이미 천하가 평정되었으니 내가 삶겨지는 것도 당연한 일이지!"

「교토사이주구팽(狡兎死而走狗烹)」을 줄여서 「토사구팽」이라고 말한다. 그런데 "과연 사람의 말과 같다." 고 한 것은 옛날부터 전해 내려오는 말을 뜻하는 것이다. 훨씬 연대를 거슬러 올라가, 춘추 말기 월(越)나라 범려가 대부 종(鍾)에게 보낸 편지에 이런 말이 있다.

"나는 새가 다하면 좋은 활이 들어가고, 날랜 토끼가 죽으면 달리는 개가 삶긴다(飛鳥盡 良弓藏 狡兎死 走狗烹). 월나라 임금의 사람됨이, 목이 길고 입이 까마귀처럼 생겼다(長頸烏喙). 환난은 같이할 수 있어도 즐거움은 같이할 수가 없다. 그대는 어찌하여 떠나가지 않는가?"

범려는 월왕 구천(句踐)을 도와 오나라를 멸한 남방의 패자 소리를 듣게 되자 즉시 사표를 내고 제나라로 가서 살고 있었다. 거기서 그는 대부 종에게 이런 편지를 보낸 것이다. 대부 종은 설마 하고 있다가 결국 월왕 구천에 의해 억울한 죽음을 당하고 말았다.

수여쾌오
羞與噲伍 부끄러울 羞 더불 與 목구멍 噲 대오 伍

용렬한 사람과 같은 위치에 있는 것을 수치스러워한다는 뜻.

한(漢)나라의 한신(韓信)이 한고조 유방(劉邦)의 휘하에서 자기보다 못한 번쾌와 어깨를 나란히 하게 됨을 탄식하여 자조(自嘲)한 고사에서 나온 말로, 벗으로서 사귀는 것을 부끄럽게 여김을 이르는 말이다.

한(漢)나라의 개국공신 한신(韓信)의 고사에서 유래되었다. 「수여위오(羞與爲伍)」라고도 한다. 한신은 처음에는 초(楚)나라의 항우 밑에서 말단 군관을 지내다가 인정받지 못하자 한나라 유방에게 귀순하였다. 한신은 대장군으로 중용되어 한나라가 초나라를 멸하고 중원을 통일하는 데 큰 공을 세움으로써 초왕(楚王)에 봉해졌다.

그러나 고조(高祖)가 된 유방은 한신의 능력을 두려워하여 병권(兵權)을 박탈하고 회음후(淮陰侯)로 격하시켰다. 한신은 병을 핑계로 조정에 나아가지 않고 우울해하며, 자신이 주발이나 관영 등과 같은 지위에 놓이게 된 것을 수치스럽게 여겼다. 주발과 관영은 각각 강후와 영음후에 봉해진 인물들이다.

번쾌는 유방이 아직 야인으로 있을 때 개를 잡는 일을 생업으로 삼던 사람이다. 유방이 군대를 일으키자, 번쾌는 항상 유방을 수행하며 여러 차례 공을 세웠다. 홍문연(鴻門宴)에서 유방이 항우와 만났을 때, 항우의 모사(謀士) 범증(范增)이 유방을 죽이라는 지시를 내렸으나 번쾌가 칼을 들고 뛰어들어 이를 저지하였다. 나중에 번쾌는 무양후(舞陽侯)에 봉해졌다.

어느 날, 한신이 번쾌의 집 앞을 지나가게 되었는데, 번쾌가 나와 무릎을 꿇고 절을 하며 맞이하였다. 얼마 뒤 한신은 그의 집을 나서며 이렇게 자조 섞인 말을 하였다.

"내가 결국 번쾌와 같은 신세가 되고 말았구나(生乃與噲等爲伍)."

여기서 유래하여 「수여쾌오」는 졸렬하고 속된 사람들과 동렬(同列)이 되는 것을 수치스럽게 여기는 것을 비유하는 말로 사용된다.

多多而益善耳 (다다이익선이) 많을 多 더할 말이을 而 益 좋을 善 뿐 耳

"많으면 많을수록 좋을 따름입니다."

한신이 초왕(楚王)으로 있다가 잡혀와 회음후로 내려앉은 뒤의 이야기다.

어느 날, 조용한 틈을 타서 고조는 여러 장수들의 능력에 대해 한신과 의견을 교환하고 있었다. 이야기가 끝날 무렵 고조가 한신에게 물었다.

"그럼 나는 어느 정도의 군사를 거느릴 수 있다고 보는가?"

"폐하께선 고작 10만 정도밖에 거느릴 수 없을 것입니다."

"그럼 그대는 어느 정도인가?"

"신은 많으면 많을수록 더욱 좋습니다(臣多多而益善耳)."

그러자 한고조는 어이가 없다는 듯이 웃고 나서 다시 이렇게 물었다.

"그렇게 다다익선(多多益善)인 그대가 어떻게 해서 내 밑에 있단 말인가?"

"폐하께선 군사를 거느리는 데는 능하지 못하지만, 장수는 잘 거느리십니다. 이것이 신이 폐하의 휘하에 있게 된 까닭입니다. 그리고 폐하의 경우는, 이른바 하늘이 주신 것으로, 사람의 힘은 아닙니다."

中原逐鹿 (중원축록) 가운데 中 근원 原 쫓을 逐 사슴 鹿

중원의 사슴을 쫓는다는 뜻으로, 제위를 놓고 다툼을 비유하는 말.

「중원축록」은 사슴을 쫓는다는 말이다. 「각축(角逐)」도 같은 말이다. 여기서 중원이라 함은 정권을 다투는 무대를 말한다. 녹(鹿)은 사슴, 곧 정권 · 권력을 일컫는 말로 쓰인다.

한고조 때 조(趙)나라 재상 진희(陳狶)가 대(代) 땅에서 반란을 일으키자 고조가 군사를 이끌고 진압에 나섰다. 그 틈에 진희와 내통하고 있던 회음후 한신이 한나라의 도읍인 장안에서 다시 반란을 일으키려 했으나, 사전에 기밀이 누설되어 잡혀 죽고 말았다.

진희의 반란군을 평정하고 돌아온 고조는, 한신이 "괴통(蒯通)의 말을 듣지 않은 것이 분하다."라고 말하고 죽었다는 말을 듣고는 당장 괴통을 잡아들이라고 명했다. 괴통은 앞서 고조 유방이 항우와 천하를 다투고 있을 때 제왕(齊王)이었던 한신에게 자립할 것을 권했던 인물이다.

이윽고 고조 앞에 끌려온 괴통은 고조의 문초에 당당히 말했다.

"그 때 한신이 저의 책략에 따랐다면 오늘 폐하의 힘으로

도 그를 당해내지 못했을 것입니다."

고조는 크게 노해서 그를 당장에 끓는 물에 집어넣으라고 명령했다. 그러자 괴통은 굴하지 않고 대꾸했다.

"폐하, 저는 죽을 만한 죄를 짓지 않았습니다. 진(秦)나라의 기강이 무너지자 산동(山東)이 소란스러워지고 각지에서 영웅호걸들이 무리를 지어 일어났습니다. 진나라가 사슴(鹿 : 제위)을 잃었기 때문에 천하가 모두 이를 쫓았던 것입니다(秦失其鹿 天下共逐之). 그런데 그 중 가장 뛰어난 폐하께서 이를 잡으셨던 것입니다.

옛날 도척(盜跖)의 개가 요(堯)임금을 보고 짖었다(跖之狗吠堯)고 했는데, 그것은 요임금이 악인이라 짖은 것이 아니요, 원래 주인이 아니면 누구라도 짖는 것이 개이기 때문입니다.

말하자면 당시 신은 오직 한신만 알고 폐하를 알지 못했기 때문에 한신 편에 서서 짖었던 것입니다. 천하가 어지러워지면 이를 통일하여 왕이 되고자 하는 영웅호걸은 수없이 많지만, 힘이 모자라 폐하께서 하신 일을 이룩할 수 없었을 따름입니다.

천하가 평정된 지금 앞서 난세에 폐하와 마찬가지로 천하를 도모했다고 해서 일일이 삶아 죽이려 하십니까?"

이 거침없고 사리에 맞는 항변에 고조는 벌린 입을 닫지 못하고 괴통을 그대로 놓아줄 수밖에 없었다. 제위를 「사슴(鹿)」에 비긴 것이다.

첩족선득 捷足先得

빠를 捷 발 足 얻을 得

행동이 재빠른 사람이 먼저 목적지에 도달한다는 뜻.

"발이 빠른 자가 먼저 얻는다."라는 뜻으로, 행동이 신속한 사람이 가장 먼저 목적을 달성하는 것을 비유하는 말이다.

한(漢)나라 때 한신의 모사(謀士)인 괴통의 고사에서 유래되었다.

한신은 유방에게 대장군으로 등용되어 많은 공을 세웠다. 한신이 제왕(齊王)에 봉해지는 등 세력이 커지자, 제나라 출신의 모사인 괴통은 한신에게 자립하여 유방·항우와 함께 천하를 삼분(三分)하라고 조언했다.

괴통은 하늘이 준 기회를 놓치면 도리어 화를 입게 될 것이라고 덧붙였다. 그러나 한신은 유방을 배반할 수 없어 그 말을 듣지 않았다.

나중에 유방은 항우를 누르고 중원을 통일하고 나자, 한신의 세력을 경계해 병권(兵權)을 빼앗고 회음후(淮陰侯)로 강등했다. 결국 한신은 유방의 황후인 여후(呂后)와 소하(蕭何)

의 계략에 말려 체포되어 처형당했다.

한신은 죽기 전에 괴통의 계책을 받아들이지 않은 일을 후회하는 말을 남겼다.

유방은 제나라에 조서를 내려 괴통을 잡아들이라고 했다. 괴통이 잡혀오자, 고조가 물었다.

"네가 회음후에게 모반하라고 부추겼느냐?"

괴통이 대답했다.

"그렇습니다. 제가 그렇게 가르쳤습니다. 그러나 그 못난이는 저의 계책을 쓰지 않았기 때문에 스스로 죽음을 부른 결과가 되었습니다. 만약 그 못난이가 저의 계책을 썼던들 폐하께서 어찌 그를 죽일 수 있었겠습니까?"

고조가 노하여 말했다.

"이놈을 삶아서 죽여라!"

그러자 괴통이 말했다.

"삶아 죽이다니, 원통합니다."

"너는 한신에게 모반을 가르치지 않았느냐! 그런데 어찌 원통하단 말이냐?"

괴통이 대답했다.

"진(秦)나라가 그 사슴(鹿 : 정권)을 잃은지라 온 천하가 다 함께 이를 쫓았습니다. 그 결과 솜씨가 뛰어나고 발이 빠른 사람이 먼저 얻게 된 것입니다. 도척(盜跖) 같은 도둑놈의 개도 요임금을 보면 짖습니다(秦失其鹿 天下共逐之 於是高材疾足者先得焉 跖之狗吠堯).

요임금이 어질지 않아서가 아니라, 개는 원래 그 주인이 아니면 짖기 때문입니다. 당시 신은 다만 한신을 알고 있었을 뿐 폐하는 알지 못했습니다. 또 천하에는 무기를 날카롭게 갈면서 폐하가 한 일을 흉내 내려고 하는 사람이 수없이 많지만, 힘이 모자라 못할 뿐입니다. 그들을 또 다 잡아 삶을 작정이십니까?"

이에 유방은 괴통의 말이 일리가 있다고 여겨 그를 풀어 주었다. 여기서 유래하여 「첩족선득(捷足先得)」은 행동이 민첩한 사람이 목적을 먼저 달성하거나 바라는 물건을 먼저 얻는 경우를 비유하는 말로 사용된다.

걸 견 폐 요
桀犬吠堯

임금 桀 개 犬 짖을 吠 임금 堯

개는 선악을 불문하고 저마다 그 주인에게만 충성을 한다.

"걸(桀)의 개가 요(堯)임금을 보고도 짖는다."

즉 「걸견폐요」란 말은 후세에 와서 바뀌게 된 것으로, 〈회음후열전〉에는 도척의 개가 요임금을 보고 짖는다(跖之

狗吠堯)로 되어 있다. 결국 개는 주인만을 알고 그 이외의 사람에게는 사정을 두지 않는다는 뜻이다.

책사(策士) 괴통이 한신에게 이렇게 권유했다.

"지금 항우는 남쪽을 차지하고 유방은 서쪽을 차지하고 있습니다. 지금 동쪽인 제나라를 차지하고 있는 대왕이 어느 쪽에 가담하느냐에 따라 천하대세가 좌우됩니다. 한왕이 대왕을 제나라 왕으로 봉한 것은 남쪽으로 초나라 항우를 치기 위한 부득이한 조처로 실은 대왕을 속으로 몹시 꺼리고 있습니다. 항우가 망하게 되는 날 대왕의 신변은 위태롭게 됩니다. 지금 항우가 바라고 있듯이, 이 기회에 천하를 셋으로 나누어 동쪽을 대왕이 차지하고 대세를 관망하는 것이 가장 현명한 길입니다."

한신은 며칠을 두고 고민하던 끝에 결국은 괴통의 꾀를 받아들이지 못하고 말았다. 천하가 통일되자, 유방은 괴통의 말대로 한신을 없애려는 생각으로 꽉 차 있었다. 초나라 왕으로 봉해졌던 한신은 역적의 누명을 쓰고 장안으로 잡혀오게 되었고, 이렇다 할 증거를 잡을 수 없자, 그를 초왕에서 회음후로 작을 깎았다.

그 뒤 정말 역적으로 몰려 여후(呂后)의 손에 죽게 되자, 한신은 이런 말을 남겼다.

"나는 괴통의 꾀를 듣지 않고 아녀자에게 속은 것을 후회한다. 어찌 운명이 아니겠는가?"

한신의 말을 전해들은 한고조 유방은 곧 괴통을 잡아들이게 했다.

"네가 회음후에게 반역하라고 시킨 일이 있느냐?"

고조의 물음에 괴통은 태연히 대답했다.

"그렇습니다. 신이 반역하라고 일러 주었습니다. 그 철부지가 신의 꾀를 쓰지 않았기 때문에 스스로 몸을 망치고 만 것입니다. 만일 그 철부지가 신의 계책을 썼던들 폐하께서 어떻게 그를 죽일 수 있었겠습니까?"

화가 치민 고조는 괴통을 기름 가마에 넣으라고 명령했다.

"슬프고 원통하다, 내가 삶겨 죽다니!"

괴통은 하늘이 원망스럽다는 듯이 부르짖었다.

"네가 한신에게 반하라 시켰다면서 뭐가 원통하단 말이냐?"

"진(秦)나라가 그 사슴(鹿 : 정권)을 잃은 때문에 온 천하가 모두 함께 이를 쫓았습니다. 그 결과 솜씨가 뛰어나고 발이 빠른 사람이 먼저 얻게 된 것입니다. 도척 같은 도둑놈의 개도 요임금을 보면 짖습니다(跖之狗吠堯).

요임금이 어질지 않아서가 아니라, 개는 본래 자기 주인이 아니면 짖기 때문입니다. 당시 신은 다만 한신만을 알고 있었을 뿐 폐하는 알지 못했습니다. 또 천하에는 폐하가 한 것과 같은 일을 하고 싶어 하는 사람이 많지만, 다만 힘이 모자라 못할 뿐입니다. 그들을 또 다 잡아 삶을 작정이십니까?"

말 한 마디로 천냥 빚을 갚는다는 말처럼, 화가 치밀었던 고조도 괴통의 말이 과연 옳다 여겨 그를 곱게 놓아 보냈다.

成也蕭何敗也蕭何(성야소하패야소하) 맑은 대쑥 蕭 어찌 何 패할 敗

일을 성사시키는 이나 그릇되게 만드는 이나 같은 사람이라는 뜻이다. 일의 성패를 한 손에 쥐고 있음을 비유하는 말.

한신(韓信)은 젊어서 생활이 구차하여 갖은 수모를 겪었지만, 뒤에 유명한 장군이 되어 중원을 통일하는 데 이바지한 사람이다.

진(秦)나라 말기 각지에서 진시황의 폭정에 항거하는 반란이 일어나자, 한신은 처음에는 항우의 수하에 들어갔다. 그러나 항우가 그를 인정해 주지 않았기 때문에 그곳을 떠나 유방(劉邦) 아래서 일하게 되었다. 그렇지만 유방도 그의 재능을 의심해서 그를 잘 써주지 않고 군량을 관리하는 자그마한 직무만 맡아보게 하였다.

그러던 어느 날, 소하(蕭何)가 그와 이야기를 나누다가 그에게 탁월한 군사적 재능이 있음을 발견하게 되었다. 당시 유방은 한왕(漢王)에 봉해져서 한중 일대를 다스리고 있었는데, 그의 부하들 중에는 고향 생각이 나서 달아나는 자들이 속출하고 있었다. 이때 한신도 유방이 자신을 등용하지 않자 도망치고 말았다.

이에 놀란 소하는 그를 뒤쫓아 가서 몸소 한신을 설득해 유방에게 소개하였다. 소하는 극구 그를 천거하였다.

"천하를 얻으려면 이 사람이 아니면 안 되니 대장군으로 삼아야 합니다."

소하의 말이라면 팥으로 메주를 쑨다고 해도 곧이듣는 유방은 그의 말대로 날짜를 정해 한신을 대장군으로 삼고, 그와 이야기를 나누어 본 결과 과연 소하의 말대로 국사적 재능이 비상한 사람임을 확인하였다.

그리하여 유방은 한신으로 하여금 군사를 지휘해서 동진케 하여 위나라와 조나라를 무찌르고 연나라를 항복시킨 뒤 제나라를 정복한 다음 마지막으로 초패왕 항우를 격파하고 한나라를 세우기에 이르렀다.

이에 천하를 통일한 유방은 한나라의 개국 황제(즉 한고조)가 되고 소하는 승상이 되었다. 그러나 유방은 일단 황제가 되자 재주가 남다른 한신이 걱정이 되어 잠을 이룰 수가 없었다.

그리하여 유방은 먼저 한신의 군사 지휘권을 박탈하고 초왕에 봉했다가 다시 회음후에 봉하더니, 나중에는 황후인 여후와 승상인 소하 등과 짜고 한신을 입궐케 한 뒤 죽여 버리고 말았다.

이와 같이 한신이 한때 잘된 것도 소하 때문이었고 나중에 목숨을 잃게 된 것도 소하 때문이었다. 그래서 「성야소하패야소하(成也蕭何敗也蕭何)」라는 말이 나오게 된 것이다.

한 신

번 · 역 · 등 · 관열전(樊酈滕灌列傳)

치주안족사
巵酒安足辭　　잔 巵 술 酒 족할 足 사양할 辭

죽음도 사양하지 않을 터인데, 그깟 한 잔 술쯤은 사양하고 말고 할 것조차 없다.

"치주(巵酒)」는 큰 잔에 가득 찬 한 잔의 술이란 뜻이다. 「치주안족사」는 한 잔 술쯤은 사양하고 말고 할 것조차 없다는 뜻이다.

이 말은 홍문연(鴻門宴) 잔치에서 번쾌(樊噲)가 항우를 보고 한 말이다.

"죽음도 사양치 않을진대 한 잔 술쯤 사양하고 말고가 뭐 있겠느냐." 고 기염을 토한 다음, 항우가 패공(沛公)을 죽이려고 하는 생각이 잘못된 것임을 위압적으로 지적하는 극적인 장면을 연출하게 된다.

홍문연을 그린 소설과 연극에서 가장 극적인 장면이 이 「치주안족사」의 앞 뒤 장면이다. 말이 큰 잔이지 아마 몇 대접이 들어갈 만한 큰 잔이었던 것 같다.

장량(張良)에게 패공의 신변이 위급하다는 말을 들은 번쾌가 들어가지 못하게 가로막는 수위장교들을 한 팔로 밀어붙이고 장막을 들고 항우 앞에 썩 나타나자, 항우는 그를 장사라고 칭찬한 다음 큰 잔의 술과 돼지 한쪽 어깨를 주게 했다. 잔을 쭉 들이켠 번쾌는 칼을 쑥 뽑아 고기를 썰어 다 먹어치운다.

그러자 항우가, "더 마실 수 있겠는가?" 하고 묻자, 번쾌는 앞에 말한 그 같은 대답을 하고, 항우의 그릇된 생각을 타이르듯 지적하는 것이다.

이 말은 술꾼들이 억지로 권하는 잔을 받아 마실 때나 혹은 권할 때 흔히 쓰는 문자다. 「두주불사(斗酒不辭)」와 같은 말이다.

홍문연

장승상열전(張丞相列傳)

期期艾艾 (기기애애)

기약할 期　쑥 艾

말더듬이를 비유하는 말.

이 성구는 기기(期期)와 애애(艾艾)와 관련된 두 이야기에서 나온 말이다. 한나라 초기에 주창(周昌)이라는 장군이 있었는데, 한고조 유방과 같은 고장 출신인 그는 진나라를 뒤엎고 한왕조를 세우는 데 공로가 커서 분음후(汾陰侯)로 봉해졌고, 유방이 황제가 된 뒤에는 벼슬이 어사대부에까지 오르게 되었다.

그런데 이 주창은 반벙어리로서 말할 때 몹시 떠듬거리는 사람이었다. 어느 날, 한고조가 여후(呂后)의 소생인 태자 영(뒷날의 효혜제)을 폐하고 척부인의 소생인 여의(如意)를 세우려 하였다.

그러자 종사의 앞날을 걱정한 여러 대신들이 모두 반대하고 나섰다. 주창도 이에 반대하면서 한고조에게 말했다.

"폐하께서 태자를 폐하시려 하는데 신은 겨겨결코 어명을 따를 수 없습니다(陛下欲廢太子 臣期期不奉詔)."

반벙어리이기 때문에 그는「기(期)」자를 연거푸 두세 번

되뇌었던 것이다. 이래서 「기기」라는 말이 생기게 되었다.

그 후 삼국시대 위나라에 또 등애(鄧艾)라는 명장이 있었다. 그는 촉나라와 싸워 전공을 많이 세우고 나중에는 촉의 도읍지인 성도에까지 쳐들어가 촉을 멸망시킨 사람이었다.

그런데 그 역시 심한 말더듬이로서 자기 이름을 말할 때면 애애(艾艾)하며 늘 서너 번 되뇌었다는 것이다. 이래서 기기와 애애가 합쳐져 말을 더듬는 것을 비유하는 성구가 되었다

역생 · 육고열전(酈生陸賈列傳)

가빈낙백
家貧落魄　　가난할 貧 떨어질 落 혼백 魄

모든 일이 뜻대로 되지 않아 형편이 말이 아닌 상태.

「낙백(落魄)」은 글자 그대로 풀이하면 넋이 달아났다는 말이다. 그러나 흔히 쓰이기로는, 모든 일이 뜻대로 되지 않아 형편이 말이 아닌 그런 상태를 말한다. 일정한 직업도 생업도 없이 끼니가 간 데 없는 그런 상태를 말한다.

"역생 이기란 사람은 진류 고양 사람으로 글 읽기를 좋아했으나, 집이 가난하고 낙백하여, 입고 먹기 위한 일을 하는 것이 없었다(家貧落魄 無以爲衣食業)."

이 글을 보더라도 집이 가난한 것이 「낙백(落魄)」이요, 입고 먹을 벌이마저 할 수 없는 처지가 「낙백」인 것 같다. 그러나 역시 역이기의 경우는 「낙백」이란 말이 실의(失意)를 뜻해서, 입고 먹을 벌이를 못한 것이 아니라, 할 생각이 없었던 것 같다. 결국 돈 떨어진 건달의 행색을 「낙백」이라고 표현할 수 있을 것 같다. 영웅호걸 치고 어느 누가 「낙백」을 맛보지 않은 사람이 있겠는가.

이런 형편에서 역이기(酈食其)는 마을 문지기 노릇을 하고 있었다. 옛날에는 마을마다 담과 울타리 같은 것으로 마을로 들어가는 문이 있어서 이를 지키곤 했다. 그는 비록 감문(監門)이란 천한 일을 하고 있었지만, 말과 행동만은 그렇게 거만할 수가 없었다. 그래서 사람들은 그를 미치광이라고 불렀다.

그러던 그가 진시황이 죽고 천하가 다시 어지러워지자, 출세의 부푼 꿈이 다시 불붙기 시작했다. 호걸들이 의병을 일으켜 서북으로 진격해 올라가느라 고양을 지나게 되면, 혹시나 하고 역이기는 그들 장수들을 만나 보았다. 그러나 한 사람도 마음에 드는 사람이 없었다.

이 때, 뒷날 한고조가 된 패공(沛公) 유방이 땅을 점령해 진류로 들어온다는 소식이 들려왔다. 그런데 다행히도 패공 휘하에 있는 기사(騎士) 한 사람이 역이기와 같은 마을 사람이었는데, 그가 고양 가까이 온 기회에 집에 들르게 되었다. 전부터 패공의 소식을 잘 듣고 있던 역이기는 그 기사를 찾아가 이렇게 말했다.

"내가 듣기에 패공은 거만하고 사람을 업신여기며 뜻이 크다고 하는데, 이런 사람이야말로 내가 같이 한번 따라 일을 해보았으면 하는 사람이다. 그러나 나를 소개해 줄 사람이 없다. 그대가 패공을 보거든 이렇게 말을 해주게. '우리 마을에

역이기란 사람이 있는데, 나이는 60이 넘었고 키가 8척이나 되며, 사람들이 다 그를 미치광이라고 부르고 있지만, 그 자신은 미치광이가 아니다.' 라고 한다고 말일세."

그러자 기사는 이렇게 말했다.

"하지만 패공은 선비를 좋아하지 않기 때문에, 손님들 중에 선비의 갓을 쓰고 오는 사람이 있으면 그 갓을 벗겨 그 속에다 오줌을 누기까지 하며, 사람들과 말할 때면 항상 큰 소리로 꾸중을 하는 형편인 만큼 절대로 선비로서 패공을 설득시킬 수는 없을 것이오."

"그런 걱정은 말고 제발 만나게만 해주게."

그리하여 그 기사의 소개로 패공은 고양으로 들어왔을 때 사람을 보내 역이기를 불러들였다. 역이기가 패공을 뵈러 들어가자, 패공은 그때 막 평상에 걸터앉아 두 다리를 쭉 뻗고 두 여자에게 발을 씻기고 있었다.

패공은 발을 씻기며 그대로 역이기를 대했다. 역이기는 두 손을 모아 높이 들어 보일 뿐 절은 하지 않고 목소리를 가다듬어 입을 열었다.

「족하(足下)는 진나라를 도와 제후를 칠 생각이오, 아니면 제후를 거느리고 진나라를 칠 생각이오?"

패공은 큰 소리로 꾸짖어 대답했다.

「이 글이나 파먹는 선비 놈아! 천하 사람들이 오랫동안 진나라 놈들에게 고통을 받아왔기 때문에 제후가 연합해서 진나라를 치는 판인데, 어찌하여 진나라를 도와 제후를 친다는 등 지껄이는 거냐!"

역생이 말했다.

「도당을 모으고 의병을 합쳐서 무도한 진나라를 꼭 쳐부수겠다면 다리를 내밀고 걸터앉아서 연장자를 맞는 일은 없어야 할 거요."

이 말에 패공은 얼른 대야를 치우게 하고, 일어나 의관을 갖춘 다음 역생을 상좌로 모셔 올려 그의 의견을 들었다. 이리하여 60 평생을 낙백으로 보낸 역이기는 패공을 도와 동분서주하며 그의 인격과 뛰어난 말재주로 군사 하나 움직이지 않고 제후를 패공의 휘하로 돌아오게 하는 데 비상한 공을 세웠다.

그러나 한신(韓信)이 역이기의 재주를 시기하여, 이미 그가 말로써 항복을 받은 제나라를 무력으로 침공해 들어감으로써 역이기의 술책에 넘어간 줄로 오해를 한 제왕(齊王)은 역이기를 기름 가마에 넣어 죽이고 말았다.

이 때 제왕은 역이기에게, 한신의 침략군을 고이 물러가게 하면 살려 준다는 조건을 내걸었으나, 역이기는 이미 일이 틀린 줄을 알고 큰 소리를 치며 태연히 기름 가마로 뛰어들었다.

역이기

오 합 지 중
烏合之衆

까마귀 烏 합할 合 무리 衆

갑자기 모인 훈련 없는 군사. 규칙도 없고 통일성도 없는 군중.

「오합지중」은 까마귀 떼처럼 모인 통제 없는 무리란 뜻이다. 중(衆)은 군대를 뜻하기 때문에 「졸(卒)」이라고 말하기도 한다.

역이기가 한패공(漢沛公) 유방이 진나라로 쳐들어가려 했을 때 한 말 가운데 이런 것이 있다.

"……족하께서 규합한 무리들을 일으키고, 흩어진 군사들을 거두어도 만 명이 차지 못하는데, 그것으로 강한 진나라로 곧장 들어가려고 한다면, 이것이야말로 호랑이의 입을 더듬는 것입니다……(足下起糾合之衆 收散亂之兵 不滿萬人 欲以徑入强秦 此所謂探虎口者也……)."

이「규합지중(糾合之衆)」은 어떤 책에는「오합지중」으로 나와 있고, 어떤 책에는「와합지중(瓦合之衆)」으로 나와 있다. 결국 오합이든 규합이든 와합이든 마찬가지 뜻으로 통제가 되지 않는 마구잡이로 끌어 모은 그런 사람이나 군대를 말한 것이다.

분명하게「오합지중」이라고 씌어 있는 것은《후한서》경엄전(耿弇傳)에 나온다. 경엄이 군대를 이끌고 유수(劉秀 : 후한 광무제)에게 달려가고 있을 때, 그의 부하 가운데, 유수의 밑으로 가지 말고 왕랑(王郎)의 밑으로 가자고 권하는 사람이 있었다.

그러자 경엄은 그들을 꾸짖는 가운데 이런 말을 했다.

"우리 돌격대로써 왕랑의 오합지중을 짓밟기란 마른 나뭇가지 꺾는 거나 다를 것이 없다(發突騎以轔烏合之衆 如摧枯

柝腐耳).”

民以食爲天

(민이식위천)

백성은 먹을 것을 가장 주요한 것으로 삼음.

진(秦)나라가 멸망한 후, 한왕(漢王) 유방과 초패왕(楚霸王) 항우는 천하를 다투고 있었다. 항우는 우세한 병력으로 유방을 공격하였다. 이에 유방은 성고의 동쪽 지역을 항우에게 내주고자 하였다.

이때 유방의 모사였던 역이기는 식량창고인 오창(敖倉 : 진나라 때 오산에 세운 큰 식량창고)이 있는 그 지역을 지킬 것을 주장하며 이렇게 말했다.

“‘하늘을 하늘로 아는 자는 왕업을 성취할 수 있고, 하늘을 하늘로 알지 못하는 자는 왕업을 성취할 수 없다. 왕자(王者)는 백성을 하늘로 알고, 백성은 먹을 것을 하늘로 안다(王者以民人爲天 而民人以食爲天).’라는 말이 있습니다. 그 오창에는 여러 해에 걸쳐 여러 나라로부터 곡물을 운송하여 그 산혈(山穴)에 저장한 곡식이 굉장히 많이 있다고 들었습니다. 초나라가 형양을 함락시키면서도 오창을 굳게 지키지 않고, 또 별안간 군사를 이끌고 동쪽으로 나오고, 단지 죄를 지어 변방으로 쫓겨난 병사들로 성고를 지키도록 한 것은 정말로 하늘이 한나라를 도운 것이라 하겠습니다. 지금이야말로 초나라를 깨뜨릴 적기이거늘, 한나라가 오히려 퇴각함으로써 기회를 스스로 포기하는 것은 신이 가만히 생각해 보아도 잘못된 일입니다."

유방은 역이기의 말에 따라 곧 전략을 바꾸었다.

「민이식위천」이라는 말은 한서(漢書) 역이기전에도 실려 있는데, 이는 백성들에게 제일 중요한 것은 먹고 사는 것임을 뜻한다. 임금 된 자는 백성을 하늘 섬기듯 섬겨야 하고, 백성들의 하늘은 임금이 아니라 곧 식량임을 알아야 한다.

양웅불구립
兩雄不俱立

두 兩 영웅 雄 함께 俱 설 立

두 영웅이 함께 설 수 없으며, 반드시 싸워서 어느 한쪽이 쓰러지거나 둘 다 쓰러진다는 뜻.

전한을 건국한 유방이 아직 패공(沛公)이라 불릴 무렵, 진류현 사람 역이기(酈生)가 유방을 찾아왔다. 패공은 마침 평상에 걸터앉아 두 여자에게 발을 씻기고 있었는데, 그 자세로 역생을 인견했다. 역생은 방으로 들어가서 양손은 읍을 할 뿐 절도 하지 않고 말했다.

다음 이야기는 위 항에서 언급하고 있다.

역이기가 말했다.

"'하늘을 하늘로 아는 자는 왕업을 성취할 수 있고, 하늘을 하늘로 알지 못하는 자는 왕업을 성취할 수 없다. 왕자(王者)는 백성을 하늘로 알고, 백성은 먹을 것을 하늘로 안다(王者以民人爲天 而民人以食爲天).' 라는 말이 있습니다. 지금이야말로 초나라를 깨뜨릴 적기이거늘, 한나라가 오히려 퇴각함으로써 기회를 스스로 포기하는 것은 신이 가만히 생각해 보아도 잘못된 일입니다. 두 영웅은 양립할 수 없는 것입니다(兩雄不俱立). 한나라와 초나라가 서로 대치만 할 뿐 결전을 하지 않는다면 백성은 안정을 찾지 못하고 천하는 동요할 것입니다."

유방은 이 충고를 받아들여 초를 토멸하기로 계획을 바꿨다. 나라에 두 명의 왕이 있을 수 없으므로 한쪽을 반드시 멸해야 된다는 뜻으로 쓰인 말이다.

馬上得之 (마상득지)

말 馬 얻을 得 그것 之

말을 타고 싸우며 동분서주하여(전쟁을 하여) 천하를 얻었음을 이르는 말.

육고(陸賈)는 초나라 사람이다. 빈객으로서 고조를 따라 천하를 평정했다. 변설(辯舌)의 재주가 있는 선비로 널리 알려졌고, 고조의 측근에 있으면서 늘 제후들에게 사자로 나가곤 했다. 고조는 육고를 태중대부(太中大夫)에 임명했다.

육생(육고)은 어전에 나아가 강의할 때마다 《시경(詩經)》과 《서경(書經)》에 관한 것만 이야기했다. 이에 고조는 짜증을 내며 이렇게 말했다.

「나는 말 위에서 천하를 얻었던 것이오. 어찌하여 시서(詩書) 따위에 얽매이겠소(乃公居馬上而得之 安事詩書)."

그러자 육생이 말했다.

「말 위에서 천하를 얻었다 하여도 어찌 말 위에서 천하를 다스리실 수 있겠습니까(居馬上得之 寧可以馬上治乎)? 탕왕과 무왕은 역도(逆道)로 천하를 얻었지만, 지킬 때는 순도(順道)로 지켰습니다. 문무(文武)의 도를 겸용하는 것이야말로 천하를 길이 보존하는 길입니다. 옛날 오왕 부차(夫差)와 지백(智伯)은 무력을 지나치게 쓴 탓으로 필경은 멸망했고, 진나라는 형법만을 계속 믿어 온 탓으로 조씨(趙氏 : 진秦나라를 가리킨다)는 결국 멸망하고 말았습니다. 만약 앞서 진나라가 천하를 통일한 다음 인의(仁義)를 행하여 옛 성인을 본받았던들 폐하께서 어떻게 천하를 차지할 수 있었겠습니까?"

고조는 못마땅했지만 부끄러운 표정을 지었다. 그러나 곧 육생에게 다시 말했다.

「시험 삼아 나를 위해 진나라가 천하를 잃고 내가 천하를 얻게 된 경위와 옛날 성공했거나 실패한 나라들에 대하여 글을 지어 올리시오.”

그리하여 육생은 국가 존망의 징후를 약술하여 무려 12편의 글을 썼다. 한 편을 써 낼 때마다 육생은 고조에게 바쳤는데, 고조는 그 때마다 칭찬했다. 좌우의 근신은 축하의 뜻을 표하고 만세를 부르며 그 책의 이름을 《신어(新語)》라 했다.

유경·숙손통열전(劉敬叔孫通列傳)

간뇌도지
肝惱塗地 　　　　　간 肝 뇌 腦 진흙 塗

간장(肝臟)과 뇌수(腦髓)가 땅에 쏟아진다는 뜻으로 참혹한 죽음을 이른다. 또는 나라를 위한 희생을 이르는 말이다. 한 고조 유방이 항우와의 전쟁에서 승리하고 중원을 평정한 후 도읍을 새로 정하는 것에 대해 신하들과 논의하였다.

신하들이 말했다.

"주(周)는 낙양(洛陽)을 도읍으로 하여 왕조가 몇 백 년을 유지하였고, 진(秦)은 함양(咸陽)을 도읍으로 하였다가 2대를 채 넘기지 못하고 멸망하였습니다. 그러니 낙양을 도읍으로 해야 합니다."

그러나 고조는 주저하며 결정을 내리지 못했다.

고조 5년, 유방이 낙양을 순행하고 있었는데, 누경(婁敬)이라는 사람이 황제를 알현하였다.

"폐하께서 낙양에 도읍하려 하신다고 들었습니다. 주나라 왕실과 융성함을 견주려는 것입니까?"

유방이 대답했다.

"그렇소."

누경이 말했다.

"폐하께서 천하를 얻으신 것은 주(周)와 다릅니다. 주나라 왕실은 그 선조 때부터 덕행을 수십 년간 쌓아왔기에 백성이 기꺼이 따르려고 하였고, 많은 살육을 거치지 않고도 천하를 얻을 수 있었던 것입니다.

그런데 폐하께서는 풍현(豊縣)의 패읍(沛邑)에서 일어나 삼천 명의 기병을 이끌고 무수한 전쟁을 치러서 촉(蜀)과 한(漢) 땅을 석권하시고 삼진(三秦)을 평정하시어 항우와 더불어 형양(滎陽)에서 교전하시고, 성고(成皐)의 요충지를 장악하시기 위해 70차례의 큰 전투를 하시고 40차례의 작은 전투를 치르셨습니다.

천하의 무고한 백성들의 간과 뇌수가 대지에 쏟아지게 하시고, 아버지와 자식의 뼈가 함께 들판에 뒹굴게 하신 것이 이루 헤아릴 수 없는 지경입니다(使天下之民肝腦塗地 父子暴骨中野 不可勝數). 통곡하는 소리가 끊이지 않고 부상을 당한 사람들이 아직 일어나지도 못하고 있는데 주나라 왕실의 융성함과 비교하려 하시니, 소인은 그럴 수 없다고 생각합니다."

유방은 누경의 말을 듣고 낙양으로 정도하려던 생각을 바꾸고 관중(關中)을 도읍으로 삼았다. 그리고 누경에게 자기 성씨인 유(劉)를 하사하였다.

부족현치아 不足懸齒牙 족할 足 걸 懸 이빨 齒 어금니 牙

치아 사이에 두기에 부족하다는 말로, 특별히 말할 정도의 것이 못 된다는 말.

진(秦)의 2세 황제 원년(BC 209) 기현(蘄縣 : 안휘성)의 대택향(大澤鄕)에서 진승(陳勝) · 오광(吳廣) 등이 반기를 들어 농민군을 이끌고 서진하여 순식간에 진(陳 : 하남성)에 입성해 국호를 장초(張楚)라 하고 진승은 왕을 칭했다.

그 소식을 들은 2세 황제는 박사들을 모아 대책을 꾀했다. 박사 30여 명은 한결같이 진승을 반역자로 규정하고 곧 출병해서 이를 토벌해야 한다고 주장했다.

그러자 2세 황제는 얼굴에 불쾌한 기색을 나타냈다. 농민병의 봉기를 자기에 대한 반역이라고 한 말이 2세 황제의 자존심을 상하게 한 것이다.

그 때 숙손통이 앞으로 나와 말했다. 숙손통은 설(薛 : 산동성) 사람인데 문학으로 진(秦)나라에 임용되어 박사들 틈에 끼어 황제의 자문(諮問)에 응하고 있었던 것이다.

"여러 선비의 말은 모두 옳지 않습니다. 지금 천하가 합하여 한 집을 이루고, 군(郡)과 현의 성을 허물고, 무기를 녹여 그것을 두 번 다시 쓰지 않을 것을 천하에 보였습니다. 그리고 위로는 밝으신 임금이 계시고 아래로는 법령이 완비되어 있어서, 사람들은 저마다 자기의 일에 충실하고 사방의 백성들은 조정에 복종하고 있습니다. 어찌하여 감히 모반을 꾀하는 자가 있겠습니까? 그것은 한낱 도둑 떼라든가 좀도둑에 불과한 것으로 특별히 말할 거리가 되지 못합니다(安敢有反者!此特群盜鼠竊狗盜耳 何足置之齒牙間). 군수와 군위가 곧 잡아 그 죄를 묻게 될 것인즉, 새삼 걱정하실 필요가 없습니다."

2세 황제는 그 말에 만족하여 숙손통에게 비단 20필, 옷 한 벌을 하사하고 박사로 승격시켰다. 그리하여 진승을 반역자라고 말하는 사람들은 모두 처벌했다.

그러나 농민군은 도적떼가 아니고 분명히 진나라에 반기를 든 자들이었다. 숙손통이 감히 이것을 도적이라고 말한 것은 2세 황제에게 영합하기 위해서가 아니고, 무사히 진에서 도망치기 위한 계략이었다.

그는 이미 진의 멸망을 내다보고 있었던 것이다. 곧 그는 고향인 설로 도망쳤다. 설은 이미 초의 항량(項梁)에게 항복했고, 숙손통은 항양을 섬기게 되었다.

그 후 항량의 조카 항우가 한의 유방과 천하를 다투었으며, 한(漢)나라 5년, 유방이 마침내 항우를 멸망시키고 천하를 통일하여 즉위해서 한고조가 되었다.

숙손통은 이보다 앞서 유방이 초(楚)의 도읍 팽성(彭城)에 입성했을 때(BC 199), 유방에게 항복하여 훗날 고조의 유신(儒臣)으로서 한의 모든 제도의 제정에 힘을 다했다.

「부족현치아」란, 「치아」는 치(齒)와 아(牙), 즉 말의 끝, 입의 끝이란 뜻이다. 따라서 「치아 사이에 둔다」 또는 「치아에 건다(懸)」는, 일을 논하는 것, 그 반대인 "치아 사이에 두기는 부족하다." 또는 "치아에 걸기에는 부족하다(不足懸齒牙)." 하면 "특별히 말할 정도의 것이 못된다." 라는 뜻이 된다.

2세황제 호해와 환관 조고의 지록위마(指鹿爲馬)

계포 · 난포열전(季布欒布列傳)

계 포 일 낙
季布一諾　　끝 季 베 布 승낙 諾

절대로 틀림없는 약속.

초(楚)나라 사람인 계포는 젊었을 적부터 협객(俠客)으로 알려져 한 번 약속을 한 이상은 그 약속을 반드시 지켰다.

뒷날 서초(西楚)의 패왕 항우가 한(漢)나라의 유방과 천하를 걸고 싸웠을 때, 초나라 대장으로서 유방을 여러 차례에 걸쳐 괴롭혔으나, 항우가 망하고 유방이 천하를 통일하자, 목에 천금의 현상금이 걸려 쫓기는 몸이 되었다.

그러나 그를 아는 자는 감히 그를 팔려고 하지 않았으며, 도리어 그를 고조(高祖 : 유방)에게 천거해 주었다. 덕택으로 사면이 되어 낭중(郎中 : 중앙관청의 과장급)의 벼슬에 있다가 이듬해 혜제(惠帝) 때에는 중랑장(中郎將 : 근위여단장)이 되었다.

권모술수가 소용돌이치는 궁중의 사람이어도 그는 시(是)를 시(是)라 하고 비(非)를 비(非)라 주장하는 성심(誠心)을 흐리게 하는 일이 없어 더욱 더 사람들로부터 존중받았다. 그러한 그의 일화를 하나 소개하겠다.

흉노의 추장 선우(單于)가 권력을 한손에 쥐고 있던 여태후(呂太后)를 깔보는 불손하기 짝이 없는 편지를 조정에 보내왔다. 여후는 크게 노하여 여러 장군을 불러놓고 이 사건을 의논했다. 상장군 번쾌가 말했다.

"바라옵건대 10만의 군사를 허락해 주시어 흉노의 한복판을 마음껏 짓밟게 하여 주십시오."

여러 장군들은 번쾌가 여후의 사위란 점에서 모두 여후에게 아첨하며 그 뜻에 찬성했다.

"그게 좋을 줄로 생각됩니다."

그 때였다.

"번쾌의 목을 자르라!" 하고 대갈일성하는 자가 있었다.

모두가 돌아보니 계포였다.

그러자 계포는 이렇게 말했다.

"고조(高祖)께서는 30만을 이끄시고도 평성(平城)에서 곤경을 치르셨습니다. 이제 번쾌는 10만의 군사를 이끌고 흉노의 한복판을 짓밟겠다고 하지만, 이는 불가능한 일입니다. 이것은 태후를 면전에서 속이는 일입니다. 뿐만 아니라 진(秦)나라는 흉노를 건드렸다가 진승(陳勝)이 일어날 기회를 만들어 주고 말았습니다. 지금은 전란의 상처가 아물지도 않은 때입니다. 번쾌가 면전에서 아첨을 하는 것은 천하를 동요시키는 일이라 하겠습니다."

이 때 전상에 있던 사람들은 모두 그 결과를 두려워했는데, 태후는 그대로 조회를 파하고 두 번 다시 흉노를 정벌할 의논을 말하지 않았다.

당시 초나라 사람으로 조구(曹丘)라는 자가 있었다.

대단히 아첨을 잘하는 사람이었는데, 권세욕과 금전욕이 강한 사나이로 조정에서 은연중 세력을 잡고 있는 내시 조담(趙談)과도 줄을 대고 또 경제(景帝)의 외가 쪽 숙부인 두장군(竇將軍)의 집에도 연신 드나들고 있었다. 이 말을 들은 계포는 두장군에게 편지를 써서 이렇게 말했다.

"조구는 하찮은 인간이라고 듣고 있습니다. 교제를 끊으십시오."

때마침 조구는 타처에 나가 있었으나, 귀경하자 두장군에게 계포를 만나려고 하는데 소개장을 써 달라고 말했다. 두장군이 말했다.

"계장군은 자네를 좋아하지 않는 모양이야. 가지 않는 편이 좋지 않을까?"

그러나 그는 억지로 졸라 소개장을 얻은 다음 우선 편지로 찾아가 뵙겠다는 점을 알려 놓고 방문했다. 계포는 그의 방문이 마뜩치 않아서 기다리고 있는데, 찾아간 조구는 인사가 끝나자 입을 열었다.

"초(楚)나라 사람들은 '황금 백 근을 얻는 것은 계포의 일낙(一諾)을 얻는 것만 못하다(得黃金百斤 不如得季布一諾).' 고 떠들며, 그 말이 이미 전설처럼 되어 있는데, 도대체 어떻게 해서 그렇게 유명하게 되셨습니까? 어디 그것을 말씀해 주시지 않겠습니까. 원래 우리는 동향인이기도 하므로 제가 장군의 일을 천하에 선전하고 다니면 어떻게 될지 아십니까? 지금은 겨우 양(梁)과 초(楚)나라 정도밖에 알려지지 않고 있습니다만, 제가 한 바퀴 돌면 아마도 당신의 이름은 천하에 울려 퍼질 것입니다."

계포는 크게 기뻐하며 특청을 하여 머무르게 하기 몇 개월, 상객으로 모시고 후하게 대접하여 보냈다. 계포의 명성이 점점 높아지게 된 것은 실은 조구생이 그의 명성을 올려 준 것이다.

「계포일낙(季布一諾)」은 오늘날 틀림없이 승낙한다는 뜻으로 쓰이고 있다. 또는「금낙(金諾)」이라고도 한다. 아마도 오늘날의 남아일언중천금(男兒一言重千金)에 해당할 것이다.

원앙 · 조조열전(袁盎鼂錯列傳)

천금지자좌불수당
千金之子坐不垂堂 앉을 坐 드리울 垂 집 堂

천금을 가진 부잣집 아들은 마루 끝에 앉아 있는 것은 위험하니 앉지 않는다는 뜻으로, 위험한 일에 가까이하지 않음을 이르는 말.

원앙(袁盎)은 초(楚)나라 사람으로 자(字)를 사(絲)라고 했다. 아버지는 본래 군도(群盜)의 한 사람이었다가 후에 안릉(安陵 : 섬서 함양의 동쪽)으로 옮겨와서 살았다. 원앙은 일찍이 고후(高后) 때에 여록(呂祿)의 사인으로 있은 일이 있으며, 문제가 즉위하자 형인 쾌(噲)의 추천으로 낭중이 되었다.

그 무렵 강후(絳侯 : 주발)는 승상이 되자 조정에서 퇴청할 때도 늠름하게 걸어, 주상도 승상을 융숭하게 예우했고 언제나 존경하는 눈으로 배웅하곤 했다. 원앙은 그것을 보자, 나아가서 황제에게 말했다.

"폐하는 승상을 어떤 인물이라고 생각하십니까?"

황제가 말했다.

"사직의 중신이오."

그러자 원앙이 말했다.

"강후는 이른바 공신(功臣)이기는 하지만, 사직의 신하(社稷之臣)는 아니옵니다. 사직의 신하란 군주가 재세하면 함께 살다가 군주가 멸하면 함께 멸하는 법입니다. 여태후가 득세했을 때에는 여씨 일족이 정권을 멋대로 휘두르고 마음 내키는 대로 서로 왕이 되었으며, 황실인 유씨(劉氏)는 쇠미(衰微)하여 명맥마저 위태로웠건만 이를 바로잡지 못했습니다. 당시 강후는 태위(최고의 군관)로서 병권을 쥐고 있으면서 이를 손쓰지 않았습니다.

그러다가 여태후가 죽고 대신들이 공동으로 여씨 일족에게 배반했을 때, 때마침 병권을 쥐고 있었던 까닭에 우연하게 성공을 했을 뿐입니다.

그러므로 이른바 공신이기는 하지만 사직의 신하는 아닙니다. 그런데도 승상은 폐하에 대해서도 교만한 티가 보이고, 폐하는 오히려 겸손해 하시는데, 이는 군신(君臣)의 예를 잃게 되는 일로서 은밀히 폐하를 위해 찬성을 할 수 없는 일입니다."

어느 날, 문제가 외출을 했는데 조동이 배승했다. 원앙은 수레 앞에 엎드려서 말했다.

"'천자의 수레 지름 6척의 자리에 배승하는 자는 천하의 영웅호걸에 한한다.' 는 말을 들은 바 있습니다. 지금 한나라에 아무리 인물이 없다 하더라도 폐하께서는 어찌하여 조동을 배승시키셨습니까?"

그러자 천자는 웃으면서 조동을 보고 내리라고 말했고, 조동은 눈물을 흘리며 내렸다. 또 문제가 패릉(霸陵 : 장안의 동쪽) 위에서 서쪽으로 가파른 고갯길을 달려서 내려가려고 했다. 원앙은 자기의 말을 천자의 수레와 나란히 세우고 황제의 수레를 끄는 말고삐를 당겼다. 황제가 말했다.

"장군은 무섭소?"

그러자 원앙이 대답했다.

"신이 듣기로는 '천금을 가진 부잣집 아들은 마루 끝에 앉지 않고(千金之子坐不垂堂), 백금을 가진 부잣집 아들은 난간에 기대서지 않으며(百金之子不騎衡), 성명(聖明)한 군주는 위험을 무릅쓰며 요행을 바라지 않는다(聖主不乘危而徼幸).'는 말을 들었습니다.

지금 폐하께서는 6두마차로 가파른 언덕길을 달려 내려가시려고 하는데, 만약 말이 놀래 수레가 부서지는 일이 생기면 폐하께서 몸을 가벼이 하신 것은 물론 종묘(宗廟)와 황태후는 무슨 낯으로 대하시겠습니까?"

황제는 달릴 생각을 그만두었다. 원앙의 사람됨은 이러했으므로 모든 사람들로부터 추앙을 받았다.

장석지 · 풍당열전(張釋之馮唐列傳)

첩첩불휴 喋喋不休

재재거릴 喋 쉴 休

"쉴새없이 재잘거린다." 는 뜻으로, 수다스러움을 비유하는 말이다.

한(漢)나라 문제(文帝) 때, 장석지(張釋之)는 도양(堵陽) 사람으로, 법을 집행하는 정위(廷尉) 벼슬에 있으면서 공정하게 일을 처리하여 명망이 높았다.

그가 조정의 손님을 접대하는 직책인 알자복야(謁者僕射 : 국왕을 위한 전달의 업무와 빈객 등을 접견하고 인도하는 일을 관장함)로 있을 때, 문제를 수행하여 호권(虎圈 : 호랑이 우리)을 순시한 일이 있었다.

문제는 황실 동산의 총책임자인 상림위(上林尉 : 상림원의 속관)에게 금수부(禽獸簿 : 금수의 이름과 숫자를 기록한 장부)에 대하여 십여 가지를 물었는데, 상림위는 하나도 제대로 답변하지 못하였다.

이때 옆에 있던 호권의 관리인이 상림위를 대신하여 자세하게 대답하였다. 문제는 그 관리인의 능력을 시험하고자 여러 가지를 물었는데, 관리인은 질문마다 유창하게 대답하는 것이 끝이 없었다.

문제는 "관리란 모름지기 이래야 마땅하지 않은가? 상림위는 믿을 수 없다."라고 말하고는 장석지에게 명을 내려 그 관리인을 상림원령(上林苑令)으로 삼게 하였다.

그러자 장석지가 문제에게 여쭈었다.

"폐하께서는 강후(絳侯) 주발(周勃)과 동양후(東陽侯) 장상여(張相如)는 어떤 인물이라고 생각하십니까?"

문제가 말했다.

"모두가 장자(長子)지."

이에 장석지는 이렇게 간언하였다.

"주발과 장상여는 모두 장자로서 추앙받지만, 그들도 사무에 대하여는 말을 잘 하지 못하였습니다. 어찌하여 저 관리인을 본받아 쉴 새 없이 재잘거리라는 말씀이십니까(豈效此嗇夫喋喋利口捷給哉)? 이제 폐하께서 저 관리인의 말재간만으로 몇 단계를 승진시키려 하시니, 세상 사람들이 이를 좇아 알맹이 없이 말재간만 부리게 될까 염려스럽습니다."

문제는 장석지의 말이 옳다고 하며 관리인을 승진시키려던 일을 취소하였다. 여기서 유래하여 「첩첩불휴」는 쉴 새 없이 재잘거리는 수다스러움을 비유하는 성어로 사용된다.

전숙열전(田叔列傳)

월만즉휴 물성즉쇠
月滿則虧 物盛則衰　　이지러질 虧 찰 盛 쇠락할 衰

"달은 차면 기울고, 만물은 번성하면 쇠잔해진다."

무릇 달은 차면 기울고 사물은 성하면 바로 쇠하는 것이 천지만물의 변함없는 법칙이다.

앞으로 나아가기만 하고 물러설 줄 모르며, 오래도록 부귀를 누리려고만 하면 재앙이 쌓여서 도리어 흉한 결과를 초래한다.

속담에 이르기를 "해가 중천에 이르면 서쪽으로 기울고, 달도 차면 이지러진다."

만물이 성하면 쇠하는 것은 천지만물의 변하지 않는 이치이다. 나아가고 물러서며 차고 모자란 것이 때와 더불어 변화하는 것은 성인의 항상 지켜야 할 도리이다.

그러므로 범려(范蠡)는 월(越)나라를 떠났으며, 관직과 작위를 받지 않고 사양하여 후세까지 명성이 전해져 만세(萬世)토록 잊히지 않았으니, 어찌 그의 지혜를 따를 수 있겠는가!

후세 사람들은 이를 삼가고 조심해야 한다.

편작 · 창공열전(扁鵲倉公列傳)

동견증결
洞見症結　　골 洞　증세 症　맺을 結

문제의 핵심을 간파함을 비유한 말.

춘추(春秋)시대, 진월인(秦越人)이라는 명의(名醫)가 있었다. 사람들은 모두 전설적인 신의(神醫)인 편작(扁鵲)이라는 호칭으로 그를 불렀다.

그가 한 여관에서 일하고 있을 때, 당시의 의원(醫員)이었던 장상군(長桑君)에게 친절한 봉사를 하여 그의 호감을 사게 되었다. 장상군도 편작이 보통 사람이 아니라고 생각하였다.

10여 년이 지난 어느 날, 장상군은 편작을 부르더니 은밀하게 말했다.

"나는 비전(秘傳)의 의술을 알고 있는데, 이제 늙어 그대에게 전수하고 싶으니, 남에게 누설하지 말도록 하오."

편작이 말했다.

"삼가 그대로 따르겠습니다."

장상군은 주머니 속에서 약을 꺼내 편작에게 주며 말했다.

"이것을 먹는 데는 우로(雨露 : 비와 이슬, 즉 오염되지 않은 물)를 사용하도록 하오. 먹고 난 지 30일이 되면 사물을 꿰

뚫어볼 수 있게 될 것이오."

그리고는 비전의 의서(醫書)를 모두 꺼내 편작에게 주고 나서는 홀연히 모습을 감추었다. 아마도 보통사람이라고는 말할 수 없을 정도였다.

편작은 그 말에 따라 약을 먹고 30일이 되자 토벽 저쪽에 있는 사람이 눈에 보일 정도가 되었다. 이 시력으로 환자를 진찰하면 오장(五藏) 기혈(氣血)의 응고가 모두 투시되었다(以此視病 盡見五藏症結).

이로 인하여 편작은 곧 천하의 명성을 얻게 되었다.

用管窺天 (용관규천)

대롱 管 엿볼 窺 하늘 天

대롱의 구멍으로 하늘을 엿본다는 말로, 좁은 식견으로는 광대한 사물의 모습을 제대로 파악할 수 없다는 뜻.

춘추시대 말기 편작(扁鵲)이라는 명의가 있었다. 그가 괵이라는 나라에 간 일이 있었는데, 방금 태자가 죽었다고 했다. 편작이 궁궐의 어의를 만나 태자의 병에 대해서 물어보자, 의원은 자기의 진단 결과를 소상하게 알려주었다.

묵묵히 다 듣고 난 편작이 이윽고 말했다.

"나는 제나라 발해의 진월인(秦越人)이란 사람입니다. 집은 정(鄭)에 있습니다. 지금까지 태자를 곁에서 모실 기회를 얻지 못했습니다. 불행히도 태자는 돌아가신 모양인데, 나는 태자를 다시 살릴 수가 있습니다."

"선생께서는 말을 함부로 하면 안 됩니다. 이미 죽은 태자를 어떻게 살린단 말입니까?"

장시간 이야기를 한 끝에 편작은 하늘을 우러러보며 말했다.

"당신의 의술은 대통으로 하늘을 보고(用管窺天), 좁은 틈 사이로 모양을 들여다보는 것과 같은 것이므로 그 전모를 볼 수 없습니다. 그러나 내 의술 정도가 되면 맥을 보고 안색을 바라보고 육성(肉聲)을 들으면 형용을 살필 것도 없이 병이 있는 곳을 알아맞힐 수 있습니다.

병의 바깥쪽을 듣고 속을 알며, 속을 듣고 바깥쪽을 압니다. 병의 증세는 밖으로 나타나는 것이니, 일부러 천리 밖의 먼 곳에까지 가서 진찰하지 않고도 다만 증세를 듣는 것만으로도 병을 진단할 수 있는 경우가 많으며, 덮어서 숨기려고 하더라도 숨길 수가 없는 일입니다.

내 말이 진실인 양 믿어지지 않거든 당신이 시험 삼아 궁중에 가서 태자를 진찰해 보십시오. 그 귀가 울고 코가 펑펑함을 볼 수 있을 것이며, 그 허벅다리를 주물러 음부에 미치면 아직도 따뜻할 것입니다.”

반신반의하며 다시 한 번 살펴보니 과연 편작의 말대로였다. 어의는 놀라 눈이 캄캄해지고 말도 나오지 않았다. 편작이 침을 놓자 태자가 숨을 쉬며 살아났다.

20여일 치료 끝에 태자가 일어나서 거동할 수 있게 되었다. 이 일로 “편작은 죽은 사람을 살리는 사람”이라는 소문이 사람들 입에 오르내리자, 편작은 이렇게 말했다.

“나는 죽은 사람을 소생시킨 것이 아니라 아직 죽지 않은 사람을 고친 것뿐입니다.”

諱疾忌醫 (휘질기의)

꺼릴 諱 병 疾 꺼릴 忌 의원 醫

병을 숨기고 의원을 꺼린다는 뜻으로, 자신의 결점을 감추고 고치지 않음을 비유한 말.

편작이 제나라를 방문했다. 제나라의 환후(桓侯)는 진월인(편작)을 빈객으로 대우했다. 그는 궁중에 들어 알현하고 말했다.

“공께서는 병이 있는데, 그 병은 피부에 머물러 있습니다. 치료하지 않으시면 안으로 깊이 들어갈 것입니다.”

환공은 말했다.

"나에게는 병이 없소."

편작이 물러 나간 다음, 환공은 좌우 사람에게 말했다.

"의원이란 자들은 돈을 벌려는 것도 정도가 있어야지. 병이 들지도 않은 사람을 환자로 몰아서 돈을 벌려고 하다니!"

닷새 뒤 편작은 다시 알현하고 말했다.

"공께서는 병이 있는데 혈맥 속에 있습니다. 치료를 하지 않으시면 안으로 깊이 들어갈 것입니다."

환공은 또 말했다.

"나에게는 병이 없소."

편작이 나가자 환후는 기분이 언짢았다. 다시 닷새가 지난 다음 편작은 다시 환공을 알현하고 말했다.

"공께서는 병이 있는데 위(胃)와 장(腸) 사이에 있습니다. 치료를 하지 않으시면 더 깊이 안으로 들어갈 것입니다."

환후는 이 말에 응하지 않고 편작이 물러 나가자 더욱 못마땅해 했다. 다시 닷새 후에 편작은 또 환후를 알현했는데, 이때는 알현만 하고 도망을 했다. 환후가 사람을 보내 그 이유를 묻자, 편작이 대답했다.

"병이 피부에 있을 때는 탕약과 고약만으로 효험이 있고, 병이 혈맥에 있을 때에는 금침이나 석침이 아니면 고칠 수 없으며, 병이 위장에 있을 때는 다시 탕약이라야 효험이 있는데,

골수에 있게 되면 비록 사명(司命 : 별 이름. 운명과 수명을 맡은 神)일지라도 어찌 할 수가 없는 법입니다. 지금 병은 이미 골수에 이르렀습니다. 나는 치료를 하자는 말도 하지 못했던 것입니다."

다시 닷새 후, 환후는 몸이 아프기 시작했다. 사람을 보내 편작을 불렀으나 편작은 이미 도망하고 난 다음이었다. 환후는 마침내 병사하고 말았다.

여기서「휘질기의(諱疾忌醫)」라 함은 병을 숨기고 의원을 꺼린다는 뜻으로, 자신의 결점을 감추고 고치지 않음을 비유한 말이다.

편작사당(扁鵲廟)

회과자신
悔過自信 — 뉘우칠 悔 지날 過

잘못을 뉘우치고 새 출발을 한다.

서한(西漢) 초, 태창(太倉)에 고을 장관을 지내던 순우의(淳于意)라는 사람이 있었다. 그는 젊어서부터 의술에 관심을 가지고 좋아하였다. 그는 같은 고을에 살고 있던 양경(陽慶)이라는 사람을 스승으로 삼고 의술을 배웠다.

양경은 70살이 넘도록 아들이 없었다. 그리하여 양경은 순우의에게 이전에 배웠던 의술을 모두 버리게 하고, 새로운 비법의 의술을 전수했다.

의술업을 전수받기 3년, 환자를 위하여 질병을 치료하고 사활을 판단하는 데 효험이 눈부셨다. 그러면서도 각지의 제후를 찾아다니며 노닐기만 하고, 내 집 일을 돌보지 않고 때로는 환자를 치료해 주지 않기도 하여 병자가 있는 집에서 그를 원망하는 자가 많았다.

문제 중원(中元) 4년, 어떤 사람이 천자에게 글을 올려 순우의를 참소했다. 형죄(刑罪 : 신체를 불구로 만드는 중형)에 처해야 할 죄가 있다 해서 순우의는 역마(驛馬)에 의해 서쪽 장안(長安)으로 보내지게 되었다.

순우의는 딸이 다섯 있었는데, 따라오면서 순우의를 붙들고 울자, 순우의는 노하여 큰 소리로 꾸짖었다.

"자식은 낳았으되 아들을 낳지 못한 관계로 긴급한 일이 생기게 되니 아무 소용이 없구나."

그러자 막내딸 제영(緹縈)이 아버지 말을 가슴 아프게 생각하고 아버지를 따르며 이렇게 글을 올렸다.

"소녀의 아비는 관리로서 제나라에서는 청렴 공평하다고 일컬었는데, 이제 법에 저촉되어 형벌에 처하게 되었습니다. 깊이 생각하건대, 죽어버리면 두 번 다시 살아날 수가 없고, 육형에 처해지면 두 번 다시 수족을 몸체에 붙일 수가 없을 것이니, 과실을 뉘우치고 갱생하려고 해도 할 수 없은즉 결국 어떻게도 할 수 없게 될 것입니다. 이 일을 생각하면 견딜 수 없는 고통입니다. 원컨대 소녀의 일신을 바쳐 관의 노비가 됨으로써 아비의 허물을 고치게 하고 스스로 갱생토록 했으면 하나이다(以贖父兄罪 使得悔過自信也)."

이 상소문이 황제에게 주달되자, 황제는 그 딸의 마음을 불쌍히 여겼다. 그리고 순우의를 사면해 주고 그 해 안에 육형(肉刑)의 법도 폐지했다.

兪扁之術 (유편지술)

점점 兪 넓적할 扁 꾀 術

훌륭한 의술을 이르는 말.

유편(兪扁)은 황제(黃帝) 때의 명의 유부(兪跗)와 전국시대 괵(虢)나라의 태자를 독특한 치료법으로 소생시켰다는 명의 편작(扁鵲)을 말한다.

두 사람은 모두 중국 고대의 이름 높은 명의로서, 그 두 사람의 의술을 말한다.

잡혀가는 아버지를 쫓아가는 순우의의 딸 제영

오왕비열전(吳王濞列傳)

지강급미 舐糠及米

핥을 舐 겨 糠 미칠 及 쌀 米

쌀겨를 핥다가 마침내 쌀까지 먹어치운다는 뜻으로, 영토의 삭감이 이윽고는 나라를 망하게 함을 비유하는 말.

또는 인간의 욕심이 끝이 없음을 비유하는 말.

한(漢)나라의 조정에서는 어사대부 조조(晁錯)가 주도하여 오(吳)나라의 영토를 삭감할 것을 논의하였다.

이를 알게 된 오왕 비는 자신을 비롯한 여러 제후에 대한 영토의 삭감이 이번 한 번으로 끝날 것이 아니라 이후로도 계속될 것으로 생각하였다. 그래서 궁리 끝에 난을 일으키기로 하였다.

그러나 문제는 제후들 중에 이 일을 같이 도모할 만한 인물이 없다는 것이었다. 그러던 중 교서왕(膠西王)이 용기와 기개가 있어, 옛 제(齊)나라 땅의 주변 제후들이 두려워한다는 소문을 들었다.

이에 오왕 비는 중대부(中大夫) 응고(應高)로 하여금 교서왕을 설득하게 하였는데, 문서 없이 직접 구두로 하게 하였다. 다음은 응고와 교서왕의 대화 내용이다.

"오나라 왕은 불민하여 오랜 근심이 있었지만, 그 누구에게도 감히 말을 꺼내지 못했는데, 저를 보내 대왕에게만 전해 달라는 분부이십니다."

교서왕이 말했다.

"무슨 일을 나에게 전하라는 말이었소?"

응고가 말했다.

"지금 황상께서는 간신들에게 추켜올림을 받으시고 간악한 신하들에게 조종되어 눈앞의 하찮은 일을 좋아하고, 함부로 법령을 변경하며, 제후의 영지를 삭감하는가 하면, 재화(財貨)를 징수하는 일이 허다하고, 선량한 사람을 주벌(誅罰)하기 날로 더 심해지고 있습니다.

속담에 '겨(糠)를 핥다 보면 쌀까지 먹어치운다(舐糠及米)'란 말처럼, 오나라와 교서는 천하에 알려진 대제후(大諸侯)이지만 한번 가혹한 정사를 받게 되면 아마 무사하지는 못할 것으로 생각합니다.

오나라 왕은 그 몸에 속병이 있는데 그 때문에 천자를 알현하지 못하기 20여 년 동안 늘 황상에게서 의심을 받아왔으므로 반증(反證)을 하더라도 소용이 없을 것이기에 근심을 하고 있습니다.

지금도 어깨를 펴지 못하고 발을 뻗지 못하고 있습니다만,

아마도 용서를 받지는 못할 것입니다.

들리는 바에 의하면, 대왕께서는 작위에 관한 일로 협의를 받고 영지를 삭감당할 것이라는 말이 들리고 있습니다. 그럴 만한 죄도 아니건만 이토록 심히 처벌을 한다면 아마 앞으로도 영지를 깎이기만 할 것이 아닌가 생각됩니다."

이후 교서왕은 집요한 오왕 비의 설득으로 인해 주변의 세력을 결집하여 난을 일으키게 된다. 이것이 바로 오초칠국(吳楚七國)의 난이다.

여기서는 「지강급미(舐糠及米)」가 단지 영토를 삭감당하다가는 나라가 망하게 된다는 뜻의 비유로 쓰였다.

그러나 이것이 점차 확대되어, 외부의 적이 마침내 내부마저 장악하게 되었음을 뜻하거나, 끝없는 인간의 욕심을 비유하는 말로 쓰이게 되었다.

동악상조 동호상류 동정상성 동욕상추 동리상사
同惡相助 同好相留 同情相成 同欲相趨 同利相死

악할 惡 서로 相 도울 助 머물 留 뜻 情 하고자 할 欲 달릴 趨

"나쁜 짓을 같이하는 자는 서로 돕고, 기호가 같은 자는 서로 붙들어 머무르며, 뜻을 같이하는 자는 함께 이루며, 하고자 하는 일이 같은 자는 서로 같이 달려가며, 이익을 같이하는 자는 서로 생사를 같이한다."

위 항에 이어 다음은 응고와 교서왕의 대화 내용이다.

"나쁜 짓을 같이하는 자는 서로 돕고, 기호가 같은 자는 서로 붙들어 머무르며, 뜻을 같이하는 자는 함께 이루며, 하고자 하는 일이 같은 자는 서로 같이 달려가며, 이익을 같이하는 자는 서로 생사를 같이한다고 했습니다(同惡相助 同好相留 同情相成 同欲相趨 同利相死).

지금 오왕은 스스로 대왕과 같은 근심을 하고 있으며 시세의 순리를 좇아 몸을 던져 천하에서 근심거리를 제거해 주시기를 원하니 예측컨대 또한 좋은 일이 아닙니까?"

교서왕은 깜짝 놀라서 두려워하면서 말했다.

"과인이 어찌 감히 그런 일을 도모할 수 있겠소? 지금 황제께서 비록 급하게 과인을 압박해도 본래 죽을죄를 지었으니 어찌 황제를 받들지 않을 수 있겠소?"

응고가 말했다.

"어사대부 조조가 천자를 미혹하고 제후의 봉지를 침탈하며 충신을 덮어 가리고 현사(賢士)의 앞길을 막고 있으니 조정의 신하들은 그에 대한 증오와 원망이 가득하고, 제후들은 모두 배반의 뜻을 품고 있으니 이로써 세상의 일이 극한에 이른 것입니다. 하늘에는 혜성이 출현하고, 땅에는 메뚜기들이 들끓고 있으니 이는 만세(萬世)에 한 번 있는 기회로서, 근심하며 고생하는 이 때가 성인이 출현해야 할 때인 것입니다.

그래서 오왕은 대내적으로 조조의 토벌을 명분으로 삼고, 대외적으로 대왕의 병거를 따르며 천하를 배회하고자 하니 향하는 곳마다 항복할 것이며 가리키는 곳마다 모두 함락시켜 천하에 감히 복종하지 않는 자가 없을 것입니다."

교서왕이 "좋소." 라고 대답했다.

응고가 돌아가서 오왕에게 보고하니 오왕은 오히려 교서왕이 함께 하지 않을까 걱정되어 자신이 직접 사자가 되어 교서로 가서 교서왕과 대면하고 마침내 맹약을 맺었다.

여기서 "나쁜 짓을 위해서는 악인이라도 서로 돕는다"는, 악인끼리 서로 도와 나쁜 짓을 한다는 뜻의 「동악상조(同惡相助)」 성어가 생겨났다.

위기 · 무안후열전(魏其武安侯列傳)

沾沾自喜(점점자희)　젖을 霑 기쁠 喜

득의양양하며 스스로 즐거워함. 스스로 대단하다고 여겨 우쭐댐.

위기후(魏其侯) 두영(竇嬰)은 한나라 효문제(孝文帝)의 황후이자, 경제(景帝) 유계(劉啓)의 어머니인 두태후의 조카로서 아버지 대까지 대대로 관진(觀津)에서 살았으며 빈객을 좋아했다. 문제 때 오(吳)나라의 승상이 되었는데, 병 때문에 면직되었고, 경제 때 첨사(詹事 : 황후와 태자의 사인)가 되었다.

양(梁)나라 효왕(孝王)은 경제의 동생으로 어머니인 두태후로부터 총애를 받았다. 그런데 효왕이 조정에 참내했을 때 황제는 형제의 의로 주연을 벌였다.

당시 황제는 아직 태자를 세우지 않았었는데, 주연이 무르익을 무렵 무심코 이렇게 말했다.

"내가 세상을 떠나게 되면 자리를 양왕에게 물리리라."

태후는 대단히 기뻐했으나, 두영은 황제에게 술잔을 올리며 이렇게 말했다.

"천하는 고조 황제의 천하로서, 아버지로부터 아들로 제위(帝位)를 전하는 것이 한나라의 약속입니다. 주상께서는 무슨 근거를 가지고 마음대로 양왕에게 제위를 물리신단 말입니까?"

태후는 이 일이 있은 이후 두영을 미워했고, 두영도 또 자신의 벼슬을 가벼이 여기고 있었으므로 병을 핑계로 관직을 물러났다. 태후는 두영의 문적(門籍)을 삭제하여 조회에 들어오는 것조차 막아버렸다.

경제 3년, 오·초 등 7국이 반란을 일으켰다. 황제는 종실과 외척인 두씨 일문을 두루 살펴보아도 대임을 맡기기에는 두영만한 사람이 없었으므로 두영을 불렀다. 두영은 참조하여 알현했으나 병든 몸으로는 대임을 맡을 수 없다며 끝내 사퇴하자, 태후 역시 전날의 행동을 부끄러워했다.

황제가 말했다.

"천하는 지금 위급을 고하고 있는데, 왕손(王孫 : 두영의 자)은 어찌 겸양만 하고 있을 수 있소?"

그리고는 두영을 대장군에 임명하여 황금 천 근을 내렸다. 그래서 두영은 원앙(袁盎)·난포(欒布) 등 자기 집에 머무르고 있는 명장·현사들을 주상에게 추천하고, 또 하사받은 황금은 궁전의 행랑 아래 늘어놓아 군관(軍官)·군리(軍吏)들이 필요한 만큼 가져가게 하고 자기 집으로는 한 푼도 가져가지 않았다.

반란이 평정되자 두영은 위기후(魏其侯)에 봉해졌으며, 그의 명망은 크게 높아졌다. 조정에서도 중요한 일을 논할 때면 두영의 의견을 존중하였으며, 두영에 대한 두태후의 태도도 점차 바뀌어 갔다.

그러나 황제는 한사코 그를 신임하지 않았다.

얼마 후, 승상 유사(劉舍)가 무능하여 관직에서 물러나자, 두태후는 황제에게 그 후임으로 위기후 두영을 추천하였다.

그러자 한경제는 이렇게 말했다.

"태후께서는 내가 위기후를 미워해서 승상 자리에 앉히지 않는 것으로 생각하십니까? 위기는 경박하여 스스로 일을 꾸미고 득의만만해 하며, 경솔하게 행동하는 일이 많은즉 승상이 되어 중임을 맡기에는 어렵습니다(沾沾自喜耳 多易 難以爲相持重)."

恨相知晩 (한상지만)

한할 恨 서로 相 알 知 저물 晩

서로 늦게 알게 된 것을 한탄함.

장군 관부(灌夫)는 영음(潁陰) 사람이다. 그는 오(吳)와 초(楚) 등의 일곱 왕들이 반란을 일으켰을 때, 10여 기의 병력만으로 오왕의 진영에 침투하여 수십 명을 죽인 적이 있는데, 이 일로 그의 용맹함은 천하에 알려지게 되었다. 사람됨이 강직(剛直)하여, 권세 있는 자들을 만나는 것은 좋아하지 않았으나, 가난하거나 지위가 낮은 사람들에게는 매우 공손하였다.

관부는 은퇴한 후에도 부유하기는 했지만, 세력을 잃어 그의 집에 출입하던 대신·시중(侍中) 그리고 빈객들의 발걸음이 차츰 줄어들게 되었다.

위기후도 세력을 잃은 뒤에는 관부에 의지하여 과거에 자기를 따르다가 배신한 무리들을 목공이 먹줄로 굽은 것을 바로잡듯이 비평하고, 나뭇가지를 쳐서 바르게 하듯이 가르치려고 했다.

관부 역시 위기후에 기대어 열후나 황족과 교제하여 명성을 높이려고 했다. 이와 같이 두 사람은 서로 돕고 서로 의지하여 그 교분은 아버지와 아들 같았다.

서로 의기가 투합하여 함께 기뻐하고 함께 슬퍼했는데, 서로 늦게 만난 것을 한스러워했다(相得驩甚 無厭 恨相知晩也).

一錢不値 (일전불치)

돈 錢 값 値

한 푼어치의 가치도 안 된다는 뜻으로, 쓸모없음을 이르는 말.

관부(灌夫)는 전한(前漢) 시대의 영천(潁川) 사람으로 원래는 장씨(張氏)였는데, 그의 아버지 장맹(張孟)이 관영(한나라의 개국공신)의 시종을 지낸 인연으로 관씨로 성을 바꾸었다.

그는 성격이 강직하고 교유 범위가 넓었지만, 귀족들에 대해서는 하찮게 여기는 태도를 드러내 사람들과 자주 충돌하였다.

한번은 승상 전분이 아내를 맞이하여 연회를 베푼 날, 주흥이 무르익자 관부는 전분에게 술을 권하였다. 전분은 예전에 관부와 원한을 맺은 일이 있었으므로 권하는 술을 거절하였다.

매우 기분이 상한 관부는 이번에는 임여후(臨汝侯)에게 술을 권하였다. 임여후는 마침 호위(護衛) 정불식(程不識)과 귀엣말을 나누던 차라 관부에게 신경을 쓰지 않았다. 관부는 2차례 연속하여 냉대를 당한 데다 술기운이 더하여져서 갑자기 화가 폭발하였다.

관부는 임여후를 향하여 한마디 내뱉었다.

"내 평소에 정불식이라는 자는 한 푼어치도 쓸모가 없다고 말해왔거늘(生平毁程不識不值一錢), 지금 여인네들처럼 그

자와 귓속말로 무얼 그리 소곤거리고 있는 것이오?"

이로 인하여 관부는 전분에게 더욱 미움을 사게 되었고, 결국 대불경(大不敬)을 범한 죄로 탄핵받아 일족이 죽임을 당하였다.

여기서 유래하여 「일전불치(一錢不値)」는 한 푼 어치도 쓸모없는 것을 비유하는 성어로 사용된다.

流言蜚語 (유언비어)

흐를 流 말씀 言 벌레 蜚 말씀 語

근거 없이 이리저리 떠도는 헛된 소문. 유언(流言)은 글자 그대로 「흘러 다니는 말」 사전적 의미로는 「근거 없는 풍설」을 말한다.

그런데 유언비어가 무서운 까닭은 시간이 지날수록 점점 부풀려진다는 점이다.

한나라 경제(景帝) 때 사람 두영(竇嬰)은 효문제의 황후(두태후)의 사촌오빠의 아들이자 대장군 지위에 있는 실력자로서 각지의 반란을 진압한 공으로 위기후(魏其侯)의 관작까지 받아 조정 대신들이 모두 그의 앞에서 굽실거렸다.

이때 전분(田粉)은 미미한 출신으로서 처음에는 두영의 집에 드나들면서 아첨을 일삼았으나, 아름다운 누이가 황후가 되는 바람에 벼락출세를 하여 태중대부(太中大夫)의 벼슬을 얻었다.

더구나 경제가 죽고 무제(武帝)가 즉위한 후에는 무안후(武安侯)에 봉해지고 마침내는 승상의 자리에 올랐다. 그 권세는 두영을 능가하게 되었다. 따라서 예전에는 두영에게 얼씬거리던 그 많은 조정 대신들이 이번에는 전분한테 몰려들어 갖은 아첨을 떨었다.

강직하고 호걸풍인 장군 관부(灌夫)는 그런 꼴이 몹시 눈에 거슬렸다. 그는 권세를 잃은 두영과 여전히 친하게 지내며 같이 술잔을 나누고 세상일을 한탄하곤 했다.

어느 날, 승상 전분이 연(燕)나라 왕 유가(劉嘉)의 딸을 첩실로 들이게 되어 그의 집에서 성대한 잔치가 벌어졌다. 두영과 관부 역시 승상의 잔치에 예의상 참석하지 않을 수 없었는데, 그 자리에서 그만 불상사가 일어나고 말았다.

전분이 잔을 들며 술을 권했을 때는 참석자들이 모두 엎드려 축하와 감사를 표하면서 각자 자기 잔을 들었으나, 두영이 손님의 입장에서 전분을 축하하는 의미로 건배를 제의했을 때는 대부분 들은 척도 하지 않았던 것이다.

이미 심사가 뒤틀려 있던 관부는 잔을 들고 전분 앞에 걸어가 직접 건배를 제의했다. 무안후는 자리에 무릎을 붙인 채 말했다.

"술잔이 차면 마실 수가 없는데……."

관부는 마음속으로 괘씸했지만, 억지웃음을 지으며 잔을 권했다.

"장군은 귀인이시니 넘치게 드셔야지요."

하지만 무안후는 끝내 술을 마시지 않았다. 무안을 당한 관부는 술잔의 순서에 따라 임여후(臨汝侯 : 관영의 손자 관현)에게 갔다. 임여후는 마침 정불식(程不識)과 귓속말을 나누고 있었는데, 그 역시 자리에서 꿈쩍도 않았다. 관부는 분을 못 참고 임여후에게 욕을 퍼부었다.

"어찌 이렇게 무례할 수가 있단 말이냐!"

그 바람에 잔치는 엉망이 되었고, 사람들은 슬금슬금 자리에서 일어났다. 두영은 관부를 달래서 돌아가도록 했으나, 분노한 전분이 관부를 붙잡아 투옥해 버렸다. 두영은 집에 돌아가자마자 황제에게 상소를 올렸다.

"관부는 나라를 위해 세운 공이 큰 장군입니다. 무안후의 집에서 있었던 소란은 예에 어긋난 사람들에게 발단의 책임이 있다고 사료됩니다. 그런데도 무안후는 개인감정으로 관부를 포박했습니다."

무제는 다음날 조회 자리에서 그 문제를 들어 잘잘못을 가리려고 했다. 그러나 두영과 전분이 각각 자기주장만 내세울 뿐 아니라 바른 증언을 해야 할 대소 신료들도 어정쩡한 태도를 보였으므로 무제는 화를 버럭 내며 들어가 버렸다.

이 일이 왕태후의 귀에 들어가자, 그녀는 발끈해서 아들인 무제를 찾아가 따졌다.

"가당찮은 놈들이 이 어미와 내 집안을 욕보이려고 하는데, 성상께서는 뒷짐 지고 구경만 하겠다는 것이오?"

난처해진 무제는 하는 수 없이 형식적인 탄핵절차를 밟아 두영을 「주군기망죄(主君欺罔罪)」로 투옥해버렸다. 다급해진 두영은 생전의 경제로부터 "만약 공에게 불리하고 불편한 일이 생길 경우에는 언제나 황제에게 주상하라." 하는 유조(遺詔)를 받고 있었다.

그래서 두영은 조카에게 유조의 내용을 황제에게 아뢰게 하여 다시 한 번 알현할 기회를 달라고 청했다.

글이 올라오자, 황제는 상서(尙書 : 문서 관리를 함)로 하여금 조사해 보도록 했으나, 선제가 그와 같은 유조를 두영에게 주었다는 확실한 증거가 없었다. 그 유조는 두영의 집에만 간직되어 있었고 가승(家丞)이 봉인해 두고 있었다. 그래서 두영은 선제(先帝)의 조서를 위조하였으므로 그 죄는 기시(棄市)에 해당한다는 탄핵을 받게 되었다.

더구나 자기를 알아주던 유일한 친구인 관부와 그 가족이 처형되었다. 그 후 한참 뒤 그 소식이 두영의 귀에 들어가자 두영은 노하여 풍병(風病 : 중풍)을 앓게 되었다. 음식도 끊고 죽으려 하였다.

그러나 황제가 두영을 죽일 생각이 없다는 말을 듣자 다시 식사를 했고 병도 치료했다. 조정에서는 그를 죽이지 않는다는 데로 결정되었다.

그러자 두영을 비방하는 근거도 없는 유언비어가 떠돌아 그 말이 주상의 귀에까지 들어갔다. 그 때문에 죄의 판결을 받아 위성(渭城 : 섬서 함양의 동북쪽)에서 기시(棄市 : 사형을 집행한 다음 죄수의 머리를 효수하는 것)되었다.

이듬해 봄, 무안후 전분이 병상에 눕게 되었는데 헛소리로, "내가 나빴어!" 하며 자신의 죄를 사과했다.

귀신을 보는 무당에게 보였더니, 두영과 관부가 그를 지키고 서서 죽이려는 것이 보인다고 했는데 그는 마침내 죽었다.

首鼠兩端(수서양단) 머리 首 쥐 鼠 두 兩 끝 端

머뭇거리며 진퇴·거취를 결정짓지 못하고 관망함. 이쪽저쪽 눈치만 살피며 자기에게 이로운 쪽을 택하려는 태도를 이르는 말.

「수서(首鼠)」는 머리를 구멍으로 내밀고 있는 쥐를 말한다. 양단(兩端)은 반대되는 두 끝, 즉 쥐가 구멍에서 머리를 내밀고 밖으로 나올까 안으로 들어갈까 형편을 살피고 있는 것이 「수서양단」이다.

이와 마찬가지로 사람이 양다리를 걸친 채 정세를 살피고 있는 애매한 태도를 가리켜 「수서양단(首鼠兩端)」이라고 한다.

전한 제4대 효경제부터 제5대 무제에 걸쳐, 서로 호적수가 되어 티격태격하던 위기후 두영(竇嬰)과 무안후 전분(田蚡) 두 사람이 있었다.

위기후는 제3대 효문제의 당질이고, 무안후는 효경제의 처남, 다 같이 한실과는 관계가 깊은 사이였다.

같은 외척인 두영과 전분과의 사이에 세도를 둘러싼 힘겨루기가 오래 계속되던 끝에, 두영의 배경이던 두태후(竇太后)가 죽고 전분의 배경인 왕태후(王太后)가 득세하자, 위기후는 자연 몰락할 수밖에 없었다.

과거에 위기후의 신세를 지던 사람들까지 모두 무안후 쪽으로 붙어 위기후를 찾는 사람이 거의 없는 형편에까지 이르렀다. 그런데 장군인 관부(灌夫)만은 옛 정을 잊지 않고 끝까지 위기후를 감싸고 있었다.

그러던 터에 무안후가 새 장가를 들고 축하의 잔치가 벌어진 자리에서, 무안후와 위기후에 대한 내빈들의 차별 대우에 분개한 관부가 술김에 행패를 부리게 되었다.

전분은 관부를 옥에 가두고 그에게 불경죄와 또 다른 죄를 씌워 관부를 사형에 처하고 가족까지 몰살을 시키려 했다. 그러자 위기후는 관부를 두둔해서 무제에게 상소를 함으로써 이 문제를 조신(朝臣)들의 공론에 붙이게 되었다.

이때 어사대부 한안국(韓安國)은, 위기와 무안의 주장에는 각각 그럴 만한 이유가 있으므로, 이 일은 천자의 밝으신 재단(裁斷)으로 처리하는 것이 마땅하다고 중립적인 의견을 말했다.

무제는 신하들의 애매한 태도에 토론을 중단하고 말았다. 조정에서 물러나온 승상 무안은 어사대부 한안국을 자기 수레에 태우고 돌아오며 이렇게 꾸짖었다.

「그대와 함께 대머리 늙은이를 해치우려 했는데, 어째서 수서양단의 태도를 취한단 말인가(與長孺共一老禿翁 何爲首鼠兩端)?"

장유(長孺)는 한안국의 자다.

한안국의 태도를 무안은 「수서양단」으로 보았던 것이다.

이 뒤로 형세는 위기에게 불리하게 되어, 관부는 일족을 멸하는 형을 받고, 위기는 사형에 처해졌다.

그러나 이듬해에 무안도 병을 얻어 위기와 관부에게 용서를 비는 헛소리를 하다가는 곧 죽고 만다. 위기와 관부의 원혼이 그를 괴롭혀 죽게 했다고 한다.

한장유열전(韓長孺列傳)

사 회 부 연
死灰復燃 죽을 死 재 灰 다시 復 사를 燃

사그라진 재에서 다시 불길이 되살아나다. 곧 세력을 잃었던 사람이 다시 세력을 잡음.

"사그라진 재에 다시 불이 붙었다."라는 뜻으로, 잃었던 권세를 다시 찾거나 어려움에 처했던 사람이 다시 훌륭하게 되는 경우를 말한다. 싸움에 패하였다가 다시 쳐들어오거나 어떤 일에 실패한 뒤 힘을 쌓아 그 일에 다시 착수한다는 의미의 「권토중래(捲土重來)」와 비슷한 말이다.

전한시대(前漢時代) 문제(文帝)의 둘째아들인 양(梁)나라 효왕(孝王) 때의 관리 한안국(韓安國 : 자는 장유長孺)은 법을 어겨서 감옥에 갇혔다. 당시의 옥리 전갑(田甲)이 한안국을 모욕하자, 한안국이 말했다.

"불이 꺼진 재지만 어찌 다시 타지 않겠는가(死灰獨不復然乎)?"

그러자 전갑이 대답했다.

"다시 탄다면 내가 오줌을 싸 꺼버리겠다."

그 후 얼마 안 되어 양나라 내사(內吏)가 결원(缺員)이 되었으므로 한나라는 사신을 양나라에 보내 한안국을 내사에 임명했다. 죄수에서 2천 석의 녹을 받는 대관으로 기용된 것이다.

전갑이 도망을 치자, 한안국이 말했다.

"전갑아, 만약 네가 직책에 복귀하지 않으면 나는 너의 일족을 절멸시키겠다!"

전갑이 옷을 벗고 죄를 빌자, 한안국은 웃으며 말했다.

"오줌을 누어 보거라. 너희 같은 놈들은 굳이 다스릴 가치조차 없는 놈들이다."

한안국은 결국 자신을 모욕하였던 전갑의 잘못을 용서해주었다. 세력을 잃은 사람이 다시 활동하거나 득세(得勢)하는 것을 비유하는 말이다.

강노지말 強弩之末

군셀 強 쇠뇌 弩 끝 末

강한 것도 시간이 지나면 힘을 잃고 쇠해진다.

시위를 떠난 강한 화살도 먼 데까지 날아가다 보면 그 끝에 가서는 힘이 다해 떨어진다는 말이다. 즉 아무리 강한 것이라 할지라도 시간이 지나면 힘을 잃고 쇠약해진다는 뜻이다.

한(漢)나라 고조 때 북쪽 흉노족이 변방을 침범하여 골머리를 앓고 있었다. 고조는 중원의 통일을 이루기는 했지만, 아직 나라의 기반이 다져지지 않은 형편이라 오랑캐를 평정함으로써 그 기틀을 완전히 갖추려고 직접 대군을 인솔하고 흉노를 치러 출병했다.

그러나 흉노의 기병(騎兵)들이 워낙 강해서 오히려 고조는 그들로부터 포위를 당해 위급한 지경에 빠지고 말았다. 이때 군사(軍師)인 진평(陳平)이 흉노의 왕비에게 값진 보물을 보내 그들을 회유하고 고조는 간신히 포위망을 뚫고 도망칠 수 있었다.

혼이 난 고조는 힘으로써 흉노를 다스리려는 마음을 고쳐먹고 흉노와 화친정책을 펴면서 왕가의 처녀를 흉노의 왕에게 시집보내고 거기다 많은 예물까지 딸려 보냈다. 덕택에 한동안 한나라와 흉노 사이는 평화를 유지하는 듯했다.

그러나 그 평화는 오래 지속되지 않았다. 흉노는 다시 변경을 시끄럽게 했다.

그러는 동안 무제(武帝)가 즉위하면서 한나라는 이전과는 비교할 수 없을 정도로 군사력이 강대해졌다. 무제는 강력한 힘을 바탕으로 골칫거리인 흉노를 정벌하기로 결심하고 중신회의를 열었다.

그러나 어사대부(御使大夫) 한안국이 나서서 반대했다.

“또한 아무리 강한 쇠뇌로 쏜 화살도 끝에 가서 힘이 다하면 노나라에서 만든 얇은 비단조차 뚫을 수 없고, 세찬 돌풍도 끝에 가서는 가벼운 기러기 털도 흔들만한 힘조차 없어집니다. 처음부터 힘이 강하지 않았던 것이 아니라 마지막에 가서 힘이 쇠약해진 것입니다(且彊弩之極 矢不能穿魯縞 沖風之末力不能漂鴻毛 非初不勁 末力衰也). 그래서 흉노를 공격하는 것은 옳지 않으니 화친하는 것만 못합니다.

우리 군사들이 비록 강하다고 하지만, 멀리 북방까지 원정을 나간다면 그 결과는 장담할 수가 없습니다. 후일을 기약해서 도모하는 것이 옳을 줄로 아옵니다.”

의논에 참석한 군신 중에 한안국의 주장에 동조하는 자가 많았으므로 이에 황제는 화친을 윤허하였다.

이듬해 강경파인 왕회(王恢)가 나서서 말했다.

“역으로 흉노로 하여금 우리나라를 치게 만들어 우리가 맞아 싸우는 계책을 쓰는 것이 좋을 줄로 생각하옵니다.”

무제는 왕회의 계책을 좇아 마읍(馬邑)이란 곳에 30만 대군을 몰래 숨겨 놓고 흉노의 10만 대군을 유인했으나 흉노의 맹장 선우는 이를 눈치 채고 퇴각해버림으로써 한나라의 계책은 실패로 돌아가고 말았다.

이장군열전(李將軍列傳)

中石沒鏃 (중석몰족)

잠길 沒 살촉 鏃

돌에 박힌 화살촉이라는 뜻으로, 정신을 집중하면 때로는 믿을 수 없을 만한 큰 힘이 나올 수 있음을 이르는 말. 명궁(名弓)을 비유하여 이르는 말.

명장에도 장(將)의 장(將)이 될 그릇과, 무용에 뛰어나 부장(部將)으로서 이름나는 두 종류가 있다. 한나라의 이광(李廣)과 그 손자 이능(李陵)과 같은 자는 후자에 속한다. 천하에 용명을 떨친 장군이 계속 배출되는 것도 그럴싸한 일, 농서(隴西 : 감숙성) 이장군의 집은 선조 대대로 무인의 혈통을 자랑하고 있었다.

농서는 오랑캐 땅에 가깝다. 북쪽에 접해 있는 사막 땅은 흉노의 전진기지가 되어 있었으며, 도시 주변에는 육반(六盤)산맥의 지맥이 뻗어 있다.

국경 도시다운 거친 분위기 속에서 유년시절을 보낸 이광이 얼마 안가서 정식으로 훈련을 받게 되자, 급속도로 두각을 나타내기 시작하였다. 무장의 아들로서 부끄럽지 않을 만한 풍격은 자연 몸에 지니고 있었지만, 특히 활을 잡으면 누구에게든지 뒤떨어지지 않을 만한 자신이 있었다.

문제 14년(BC 166), 흉노가 대거 숙관(肅關)을 침범하였을 때 얼마 안 되는, 그러나 톡톡히 단련받은 수병(手兵)을 이끌고 흉노에게 뒤떨어지지 않는 훌륭한 기병전술과 활재주를 보여주었다.

수십 년간 흉노에게 고배를 계속 마셔 온 문제는 자기 일같이 기뻐했다. 그래서 이광을 가까이 두고 싶어 시종무관에 임명하였던 것이다.

호랑이와 맞붙어 졸라 죽인 것은, 문제의 사냥에 수행하였을 때의 일이었다. 위기일발 난(難)을 면한 문제는 이제 새삼 놀라서 말했다.

"안타깝게도 그대는 좋은 때를 만나지 못했구려. 만약 고제(高帝) 때에 살았더라면 만호후쯤은 문제도 아니었을 텐데……."

"아니옵니다. 후군이 되고 싶지는 않습니다. 다만 국경의 수비대장이 신의 소원입니다."

이리하여 이광은 전부터 바라던 변경의 수비대장을 전전하게 되었다. 이 사이에 세운 공로는 헤아릴 수 없을 정도로 많았다. 그러나 처세술이 시원치 않아 벼슬이 올라가기는커녕 때로는 면직될 뻔도 하였다.

장군의 실력을 알고 있던 것은, 오히려 적인 흉노 쪽이었을는지 모른다. 한(漢)의 비장군(飛將軍)의 이름을 숭앙하고, 감히 장군의 요새를 엿보려 하지 않았다. 우북평(右北平)의 흉노만이 안전하지 못하였을 뿐 아니라, 산야를 횡행하는 호랑이도 편안치 못하였다.

한번은 초원의 바위를 호랑이로 잘 못 보고 쏘았는데, 살촉이 푹 파묻힐 정도로 깊이 돌에 들어 박혔다. 돌에 화살이 꽂힌 것이다. 가까이 가 보고서야 돌인 줄 알고 새로 활을 쏘았더니 이번에는 꽂히지 않았다는 것이다. 이것이 「중석몰족(中石沒鏃)」의 고사다.

이광 장군의 활 솜씨를 칭찬하여 만들어낸 이야기인지도 모른다. 여하튼간에 그가 활에 뛰어났다는 것은 틀림없는 일이다. 더욱이 그것은 수련에 의하여 얻은 기술의 영역을 벗어난 것 같다.

그 활솜씨가 뛰어났던 것은 그가 원비(猿臂)였기 때문이라고 한다. 사마천은 〈이장군열전〉에 이렇게 쓰고 있다.

"이광은 키가 크고 원비였다. 그가 활을 잘 쏜 것도 또한 천성이다."

원비라 하면 원숭이처럼 팔이 긴 것을 말한다. 원숭이처럼 팔이 길면 활을 당기는 데도 편리할 것이다.

桃李不言 下自成蹊 (도리불언 하자성혜) 복숭아꽃 桃 오얏 李 지름길 蹊

"복숭아나무와 오얏나무는 사람을 부르지 않아도 절로 길이 생긴다."는 말로서, 덕이 있는 사람은 자신을 드러내지 않아도 자연히 사람들이 흠모하여 모여드는 것을 비유한 말이다.

복숭아나무와 오얏나무는 꽃이 아름답고 열매가 맛이 좋다는 것을 알고 있으므로, 찾아오는 사람이 많아 길이 저절로 난다는 뜻으로, 덕이 높은 사람의 주변에는 가만히 있어도 자연히 사람들이 모여듦을 비유하는 말이다.

한나라 초기의 장수 이광(李廣)은 말타기와 활쏘기에 출중한 재능을 지닌 사람이었다. 그는 흉노와 70여 차례나 싸워 여러 번 전공을 세운 용장이었지만, 조정에서는 그를 중용하지 않고 배척하고 있었다.

그러던 중 이광은 나이 60여 세 때 흉노와 싸움을 치르던 중 대장군 위청의 핍박에 못 이겨 자살하고 말았다. 이에 군민들은 비통함을 금치 못하였다.

동한의 사학자 반고(班固, 32~92)는 그의 저서 《한서(漢書》에서 다음과 같이 말하고 있다.

"말없이 꾸준히 힘쓰고 정직한 이장군은 보통 사람들과

다름이 없었지만 그가 죽었을 때 모든 사람들이 슬피 울었다. 여기서 우리는 탁상공론이나 아부를 일삼는 그런 사대부들에 비해 이장군이 얼마나 고상한 인품을 갖췄는가를 엿볼 수 있다.

그야말로 속담과 같이 '복숭아나무와 오얏나무는 사람을 부르지 않아도 그 아름다운 꽃과 맛좋은 열매 때문에 늘 사람들이 오고 가 나무 밑에는 절로 길이 생긴다(桃李不言下自成蹊)'는 사실을 몸으로 보여준 사람이라고 할 수 있다."

이광사석도(李廣射石圖)

평진후 · 주보열전(平津侯主父列傳)

乞骸骨(걸해골)

빌 乞 뼈 骸 뼈 骨

해골을 빈다는 뜻으로, 관료가 나이가 들어 조정에 나오지 못하게 되었을 때 주군에게 관직에서 물러나기를 주청(奏請)하는 말.

옛날 관료는 관직에 임명되면 자신의 몸을 임금에게 바친 것으로 여겼다. 때문에 은퇴하고자 할 때 이를 주청하는 것을 일러 "해골을 돌려달라(乞骸骨)." 고 하여 늙은 관리가 사직을 원할 때 주로 쓰게 되었다.

승상 공손홍(公孫弘)은 제(齊) 땅의 치천국(菑川國) 설현(薛縣) 사람으로 자(字)는 계(季)이다. 젊은 시절, 설현의 옥리(獄吏)를 지냈으나 죄를 지어 면직되었다. 집안이 가난해 해변에서 돼지를 키우며 살았다. 나이 사십이 넘어 춘추(春秋)의 여러 학설을 공부했다.

회남왕(淮南王)과 형산왕(衡山王)이 반역을 꾀해 이들과 결탁된 자들을 색출하느라 급박한 시기였다. 공손홍은 심하게 병을 앓았으며, 그는 자신이 공도 없이 후작(侯爵)으로 봉해지고 승상의 지위에까지 이르렀으니 마땅히 현명한 군주를 잘

보좌하여 나라를 안정시키고 신하들이 신하된 도리를 지키게 해야 했다.

또 지금 제후들이 반역을 꾀한 것은 모두가 재상인 자신이 직책을 제대로 수행하지 못한 탓이니, 이대로 남몰래 병들어 죽는다면 책임을 면할 길이 없음을 두려워하였다.

이에 상서를 하여 다음과 같이 말했다.

"신이 듣건대 천하에는 변하지 않는 다섯 가지의 도가 있고, 이것을 실행하는 데는 세 가지 방법이 있다고 합니다. 군신·부자·형제·부부·장유(長幼)의 순서라는 이 다섯 가지는 천하에 변하지 않는 도입니다. 지(智)·인(仁)·용(勇) 이 세 가지는 천하에 변하지 않는 덕(智仁勇 此三者天下之通德)으로 도를 실행하게 하는 수단인 것입니다.

그래서 공자가 말하기를, '노력하여 실천하는 것은 인(仁)에 가깝고, 묻기를 좋아하는 것은 지(智)에 가까우며, 부끄러움을 아는 것은 용(勇)에 가깝다(力行近乎仁 好問近乎智 知恥近乎勇).' 라고 한 것입니다.

이 세 가지를 안다면 곧 스스로를 다스릴 줄 알게 되고, 스스로를 다스리는 방법을 안 뒤에야 남을 다스릴 줄 알게 됩니다. 천하에 자신을 다스리지 못하면서 남을 다스릴 수 있는 사람은 없었습니다. 이는 백 대(代)가 지나도 변치 않는 도리입니다.

지금 폐하께서는 몸소 큰 효를 실천하시고, 삼왕(三王)을 거울로 삼아 주(周)나라의 치국의 도를 일으켜 세우시고, 문왕(文王)과 무왕(武王) 같은 덕과 재능을 겸비하셨으며, 어진 사람을 격려하여 봉록을 하사하고 능력을 헤아려 벼슬을 내리셨습니다.

지금 신 공손홍은 보잘것없는 자질로 전쟁터에서 세운 공조차 없는데도 폐하께서 파격적으로 신을 군중(軍中)에서 발탁하시어 열후(列侯)에 봉하시고 삼공의 지위에 오르게 하셨습니다.

신 홍의 품행이나 재능은 언급할 만한 가치가 없으며, 평소 가난할 때에 얻은 병이 있어서 먼저 객사하여 끝내 폐하로부터 입은 은덕에 보답하는 책임을 면하지 못할까 두렵습니다.

원컨대 제후의 인수를 반납하고 사임하여 현명한 자에게 길을 비켜 주고자 합니다(願歸侯印 乞骸骨 避賢者路)."

이에 황제는 그에게 휴가를 허락하고, 쇠고기와 술 그리고 여러 옷감을 하사했다. 몇 달 지나 공손홍의 병이 낫자 다시 사무를 보았다.

〈평진후 · 주보열전〉에는 「걸해골」이라 되어 있는데, 〈항우본기〉와 〈진승상세가〉 등에는 「원사해골(願賜骸

骨)」이라고 되어 있다.

토붕와해 土崩瓦解 무너질 崩 기와 瓦 풀 解

흙이 무너져 내리고 기와가 산산조각이 난다는 뜻으로, 사물이 근본에서부터 무너져버려 도무지 손을 쓸 수가 없는 상태를 비유하여 이르는 말.

한나라 무제 때, 조나라 사람 서악(徐樂)이 글을 올려 흉노 정벌의 불가함을 간한 데서 나온 말이다.

"신은, '천하의 근심은 밑에서 서서히 무너져 내리는 토붕(土崩)에 있지 누(壘)가 갑자기 허물어져 내리는 와해(瓦解)에 있지 않다(天下之患在於土崩 不在於瓦解). 이것은 예나 지금이나 마찬가지다.' 라는 말을 들었습니다.

무엇을 토붕이라고 합니까? 진나라의 말세가 바로 이것입니다. 진승(陳勝)은 천승(千乘)의 높은 지위에 있지도 않았고, 한 자의 땅도 없었으며, 신분 또한 왕공(王公)이나 대인(大人), 명가의 후손도 아니며, 공자 · 묵자 · 증자와 같은 현인도 아니고, 도주(陶朱)나 의돈(猗頓) 같은 부자도 아니었습니다.

그러나 그가 가난한 골목에서 일어나 갈래진 창을 휘두르며 팔을 걷어붙이고 큰 소리로 부르자, 천하 사람들이 바람에

휩쓸리듯이 그를 따랐습니다.

이것은 무엇 때문이겠습니까? 그것은 백성들이 괴로워해도 군주가 그들을 불쌍히 여길 줄 모르고, 아랫사람이 원망해도 위에서는 알지 못하고, 풍속이 이미 어지러워지고 정치가 바로잡히지 않았기 때문입니다.

이 세 가지가 진승이 밑천으로 삼은 것입니다 이것을 토붕이라고 합니다. 그래서 천하의 근심은 토붕에 있다고 하는 것입니다.

무엇을 와해라고 합니까? 오 · 초 · 제 · 조의 반란이 바로 이것입니다. 일곱 나라가 모의하여 대역을 범하고 저마다 만승의 천자라 일컬으며, 병력이 수십만, 위세는 나라 안을 위협하기에 충분했으며, 재물은 사민(士民)을 반란으로 끌어들이기에 충분했습니다.

그럼에도 불구하고 서쪽으로 한 자 한 치의 땅도 빼앗지 못하고 중원에서 사로잡히는 처지가 되고 말았습니다. 그것은 무엇 때문이겠습니까? 그들의 권위가 필부보다 가볍고 병력이 진승보다도 약했기 때문이 아닙니다.

당시만 해도 선제의 은택이 아직 쇠퇴하지 않아 그 땅에서 안주하여 풍속을 즐기는 백성들이 많았기 때문에 제후를 밖에서 도와주는 자가 없었습니다. 이것을 바로 와해라고 합니다.

그러므로 천하의 근심은 와해에 있는 것이 아니라고 하는 것입니다."

공손홍

남월열전(南越列傳)

양 웅 불 구 립
兩雄不俱立　　두 兩 영웅 雄 함께 俱 설 立

두 영웅이 함께 설 수 없으며, 반드시 싸워서 어느 한 쪽이 쓰러지거나 둘 다 쓰러진다는 뜻.

효문제(孝文帝) 원년(기원전 179년), 천자가 막 천하를 통치하고 제후들과 사방 오랑캐에게 사신을 파견하여 효문제가 대국(代國)에서 경성으로 들어와 즉위한 뜻을 고하고, 천자의 크고 훌륭한 덕(德)을 알리도록 했다.

그리고 위타(爲佗) 부모의 무덤이 진정(眞定)에 있는 것을 알고, 그곳에 묘지를 지키는 민가를 두어 매년 때에 맞추어 제사를 받들도록 하였다.

또 위타의 사촌 형제를 불러 존귀한 관직을 주고 후한 상을 하사하여 그들을 총애하고 있다는 것을 표시했다. 황제는 승상(丞相) 진평(陳平) 등에게 남월에 사자로 보낼 만한 자를 천거하라고 명하니, 진평은 호치(好畤) 사람 육고(陸賈)가 일찍이 고조 때에 여러 차례 남월에 사자로 간 적이 있다고 아뢰었다.

이에 천자가 육고를 불러 태중대부(太中大夫)로 임명하여 사신으로 보냈다. 이 기회에 조타가 자립하여 황제라고 칭하고, 마침내 한 번도 사신을 보내 천자에게 보고하지 않음을 꾸짖게 했다.

육고가 남월에 도착하자 남월왕은 매우 두려워해 천자에게 사죄의 글을 올려 이렇게 말했다.

"만이의 대군장(大君長)인 늙은 신하 조타는 종전에 고후께서 남월을 격리하여 차별 대우하기에 장사왕이 신을 참소한 것이라고 사사로이 의심했으며, 또 이 먼 곳에서 소문을 들으니, 고후께서 신의 친족을 모두 죽이고 조상의 무덤을 파서 불태웠다고 하여, 이 때문에 자포자기하는 심정으로 장사의 변경 지역을 침범했습니다.

또한 남방은 지대가 낮고 습한 땅이며 만이(蠻夷) 사이에 있어 동쪽 변경의 민월(閩越)은 백성이 겨우 1천 명에 지나지 않는데도 불구하고 왕(王)이라 칭하고, 서쪽의 구락(甌駱)과 나국(裸國) 역시 왕이라 칭합니다.

노신이 망령되게 황제의 존호를 몰래 써서 무료할 때에 스스로 안위를 삼았던 것인데, 어찌 이 일을 감히 천자께 보고할 수가 있겠습니까!"

그리고 조타는 육고에게 머리를 조아려 사죄를 하고, 앞으로 영구히 한나라의 번신(藩臣)이 되어 천자에게 조공의 직책을 준수할 것을 다짐했다.

이에 조타는 즉시 나라 안에 명령을 내렸다.

"내가 듣기에 두 영웅은 병존할 수 없고, 두 현인(賢人)은 나란히 세상에 존재할 수 없다고 들었다(吾聞兩雄不俱立 兩賢不并世). 한나라의 황제는 현능한 천자이시다. 지금부터 나는 황제처럼 명령을 내리는 것과 황옥좌독(黃屋左纛)을 없애겠다."

육고가 경성으로 돌아와서 보고하니 효문제는 크게 기뻐했다. 효경제(孝景帝) 시대에 이르러 위타는 한나라에 스스로 신(臣)이라고 칭하고 봄과 가을 두 차례 사자를 보내 천자를 알현토록 하였다.

그러나 남월 국내에서 조타는 몰래 황제의 칭호를 썼고, 단지 천자에게 사자를 보내 알현할 때에만 왕이라고 칭하며 다른 제후들과 마찬가지로 조정의 명령을 받도록 하였다. 건원(建元) 4년(기원전 137년)에 조타는 죽었다.

〈역생·육고열전〉에도 같은 성어가 나온다.

서남이열전(西南夷列傳)

야랑자대 夜郎自大 　　밤 夜 사내 郎 스스로 自

자기 역량을 모르고 위세를 부린다는 뜻.

중국 한대(漢代)에 서남이(西南夷) 중에서 야랑국이 가장 세력이 강했는데, 한제국의 강대함을 전혀 알지 못하고 자기의 힘을 과대하게 믿고 오만하였다고 하는 고사에서, 범용(凡庸)하거나 우매한 무리 중에서 세력이 있어 잘난 체하고 뽐냄을 비유하여 이르는 말이다.

전국시대에 중국 서남부의 소수민족 중에 야랑(夜郎)이라는 비교적 큰 부족국이 있었다. 전국시대 후기 초나라가 진나라를 공략하여 영지 탈환에 성공하자, 야랑 등의 부족연맹은 항복하여 초나라의 신하국이 되었다. 시황제가 진나라를 통일하자 야랑국은 정식으로 진나라의 판도로 들어갔다.

진나라가 망한 후 한나라가 흉노대책에 쫓겨 서남지방을 돌볼 틈이 없는 것을 기회로 야랑 등의 소수민족은 각각 왕을 칭하고 자립했다. 당시 야랑의 수령 다동(多同)은 야랑후(夜郎侯)를 자칭하고 있었는데, 그는 야랑이 천하의 대국이라고 생각하고 있었다.

어느 날, 다동이 영내를 순시하다가 부하에게 물었다.

"이 세상에서 어느 나라가 제일 큰가?"

"야랑이 제일 크옵니다."

다동이 앞에 있는 높은 산을 가리키며 물었다.

"천하에 이보다 더 높은 산이 있느냐?"

"이보다 더 높은 산은 없사옵니다."

강가에 이른 다동이 또 물었다.

"이 강이 세상에서 가장 긴 강이겠지?"

"물론이지요."

야랑후는 자신이 세상에서 가장 위대하다고 생각하게 되었다. 한무제의 사자가 인도로 가던 중 야랑을 통과하게 되었다. 야랑후는 사자에게 물었다.

"한과 야랑 중 어느 나라가 큰가?"

한나라의 사자는 어이없어하며 대답했다.

"한나라는 수십 개의 군을 가지고 있고, 야랑은 그 한 군만도 못합니다."

기가 질린 다동은 벌린 입을 다물지 못했다. 이 이야기에서 자기 분수를 모르고 위세부리는 것을 가리키는 것을 「야랑자대(夜郎自大)」라고 한다. 비슷한 말로 「당랑지부(螳螂之斧)」라는 고사가 있다.

사마상여열전(司馬相如列傳)

모인 慕藺　　　　사모할 慕 골풀 藺

인상여(藺相如)를 사모한다는 말로, 어질고 유능한 사람을 그리워하며 따른다는 뜻.

사마상여는 전한(前漢)의 문인으로 촉군(蜀郡) 성도(成都) 사람이다. 어릴 때 독서하기를 좋아하였고 검 쓰는 법을 배워 부모는 그를 견자(犬子)라 부르며 귀여워했다 한다. 부(賦)를 잘 지어 무제(武帝)의 사랑을 받았으며, 탁문군(卓文君)과의 연애 사건은 유명한 일화이다.

학업을 마친 후 인상여(藺相如)의 사람됨을 흠모하여 이름을 사마상여로 고쳤는데, 여기서 「모인(慕藺)」이라는 말이 비롯되었다. 사마상여가 흠모한 인상여는 전국시대 조(趙)나라의 상경(上卿)을 지낸 사람이다. 조나라 혜문왕(惠文王) 때, 진(秦)의 소왕(昭王)이 조나라에 화씨벽(和氏璧)이라는 진귀한 옥이 있다는 소문을 듣고 이를 열다섯 성과 바꾸자는 제의를 해 왔다.

혜문왕으로서는 이 제의를 받아들일 수도 없고 거절할 수도 없어 고심하였다. 열다섯 성을 준다는 것은 거짓임이 분명

할 테고, 거절하자니 강대한 진의 침략을 받을 것이 틀림없기 때문이다. 혜문왕은 이 일의 처리를 인상여에게 부탁했다.

인상여는 화씨벽을 가지고 진나라에 들어가 담대한 용기와 변설로 소왕을 설득하여 화씨벽을 온전하게 조나라로 가지고 돌아왔다(完璧歸趙).

이후에도 왕을 수행하여 민지(澠池)에서 진나라 소왕과 만났을 때 대담하게 진왕을 공박하여 혜문왕이 치욕을 당하지 않게 하였다. 이 일로 인상여는 상경이 되었다.

조나라에는 여러 전쟁에서 나라를 구한 염파(廉頗)라는 장군이 있었는데, 인상여가 상경이 되어 자기보다 지위가 높아지자, 분개하여 인상여를 욕보이려 하였다. 인상여는 늘 염파를 피해 다니다가, 주위의 불평이 심해지자, 다음과 같이 말하였다.

“내가 위엄으로 진왕을 누른 사람인데, 하물며 염파 장군을 겁내겠느냐. 다만 염파 장군과 내가 다투면 적인 진나라를 이롭게 할 것이 걱정되기 때문이다.”

이 말을 전해들은 염파는 회초리를 메고 인상여에게 찾아와 사죄했으며(負荊請罪), 둘은 이후 문경지교(刎頸之交)를 맺었다.

가도사벽 家徒四壁 다만 徒 벽 壁

집안이 네 벽뿐이라는 뜻으로 집안 형편이 어렵다는 것을 이르는 말.

집안 형편이 어려워 집에는 네 벽밖에 없다는 말로,「가도벽립(家徒壁立)」이라고도 한다.

"탁문군(卓文君)이 밤에 사마상여에게로 도망쳐 나오자 사마상여는 탁문군과 함께 말을 타고 달려 사천성(四川省) 성도(成都)로 돌아왔는데, 집안에는 아무것도 없이 네 벽만 세워져 있었다(文君夜亡奔相如 馬馳歸成都 家徒四壁立)."

중국 전한(前漢)의 문인으로 시를 잘 지은 사마상여는 관직에서 물러나 임공(臨邛)에 있는 왕길의 집에 머무르는 동안 임공의 대부호 탁왕손(卓王孫)이 베푸는 연회에 초대를 받았다.

연회에서 사마상여의 거문고 타는 소리를 듣고 탁왕손의 딸 탁문군이 사마상여를 사모하게 되었다. 사마상여와 탁문군은 서로 사랑하였으나, 사마상여의 집안이 매우 가난하여 탁왕손은 두 사람의 결혼을 반대하였다.

탁문군은 사마상여를 따라 성도에 있는 그의 집으로 한밤중에 몰래 달아났다. 사마상여의 집이 찢어지게 가난해 살림

살이가 없고 방안에는 네 벽뿐이었으므로 탁문군은 사마상여와 결혼하여 선술집을 차려 생활하였다.

그 뒤 한(漢)나라 무제(武帝)가 사마상여의 「자허부(子虛賦)」를 읽고 감동하여 그에게 벼슬을 내렸는데, 사마상여가 이름을 떨치자 그때부터 탁왕손의 집안에서도 사마상여를 우러러보게 되었다.

文君司馬(문군사마) 무늬 文 임금 君 맡을 司 말 馬

사랑하는 부부나 연인(戀人)을 비유한 말.

임공(臨邛)이라는 곳에 탁왕손(卓王孫)이라는 부유한 상인이 있었는데, 그에게는 일찍 남편과 사별하고 혼자 지내는 탁문군(卓文君)이라는 딸이 있었다.

유능한 사마상여는 우연히 연회에 참석한 기회에 탁문군을 한번 보고 반해 마침내 자신의 마음을 전하기에 이르렀다. 그날 밤, 탁문군은 잠을 이룰 수 없었다. 그녀는 몰래 집을 빠져나와 사마상여의 집으로 달려가서 그와 부부의 연을 맺게 되었다.

그녀의 아버지 탁왕손은 딸의 이러한 행동을 수치스럽게 생각하고 문을 닫아걸고 바깥출입을 하지 않았다(杜門不出).

그러나 그들의 어려운 생활을 더 이상 볼 수가 없어서 그들의 결혼을 인정하고 많은 재물을 주었다.

이렇듯 사마상여와 탁문군은 자신들의 진실한 마음과 행동으로 행복한 애정을 얻을 수 있었던 것이다.

子虛烏有(자허오유) 빌 虛 까마귀 烏

실제로는 있지 않은 허구의 일이나 사람을 비유하는 말.

한(漢)나라 때 사마상여가 지은 「자허부(子虛賦)」에서 유래되었다.

한나라 무제는 사냥을 무척 즐겼다. 어느 날, 무제는 사냥을 내용으로 하는 「자허부」를 읽고는 훌륭한 작품이라고 칭찬하면서 작가와 동시대에 살지 못하여 만나보지 못함을 안타까워하였다. 그때 구감(狗監 : 황제의 사냥개를 관리하는 직책) 양득의(楊得意)가 그 말을 듣고는 작가가 자신의 동향 사람이라고 아뢰었다.

무제가 사마상여를 만나 「자허부」를 칭찬하자, 사마상여가 말했다.

"이 부(賦)는 제후들의 사냥을 다룬 것으로 폐하께서 볼 만한 것은 못 되옵니다. 청컨대 천자께서 사냥하는 부를 지어 올리도록 해주옵소서."

무제가 기뻐하며 허락하여 「자허부」의 속편격인 「상림부(上林賦)」가 지어졌다.

「자허부」는 자허(子虛)와 오유선생(烏有先生), 무시공(無是公) 세 사람의 대화가 주 내용을 이룬다. 초(楚)나라의 자허가 제(齊)나라에 사신으로 갔을 때, 제나라 왕이 성대한 사냥 행사를 베풀었다. 나중에 자허는 제나라의 오유선생과 사냥에 관한 이야기를 나누었는데, 자허는 초나라 왕의 성대한 사냥 행사를 언급하여 제나라 왕을 깎아내렸다.

그러자 오유선생은 제나라 왕을 옹호하기 위하여 자허에게 여러 가지를 물으면서 초나라 왕이 방탕하고 사치스럽다고 비평하였다.

두 사람의 말다툼을 듣고 있던 무시공은 주(周)나라 천자의 사냥 행사는 그 성대함이 초나라와 제나라를 압도하였다고 말하였다. 끝에 가서는 사치와 방탕함을 반대하고 절제와 검소함을 내세우는 것으로 마무리된다.

「자허부」에 등장하는 자허와 오유선생, 무시공은 모두 허구의 인물이고, 언급되는 일들도 모두 가공의 이야기이다. 여기서 유래하여 「자허오유(子虛烏有)」는 실제로 존재하지 않는 허구의 인물. 또는 그러한 일을 비유하는 성어로 사용된다.

의무반고 義無反顧
옳을 義 되돌릴 反 돌아볼 顧

의(義)를 위하여 뒤를 돌아보지 않고 앞으로 나아감.

서한(西漢)시대, 유명한 사마상여는 재능 있는 인물이었다. 그는 어렸을 적 글 읽기를 좋아했으며, 거문고와 격검(擊劍)을 잘했다. 특히 시부(詩賦)에 능하여 한무제에 의해 중랑장(中郎將)에 임명되었다.

한번은 당몽(唐蒙)이라는 사람이 서남(西南) 지역인 파촉(巴蜀)으로 통하는 도로의 공사를 맡게 되었다. 그는 많은 백성들을 징발하기 위하여 군법(軍法)으로써 그 고을의 수령을 죽였다. 이 일로 말미암아 촉지방 사람들은 크게 놀라고 두려워했으며 폭동이 발생하게 되었다.

한무제는 이 소식을 전해 듣고 사마상여를 보내 이 사태를 해결하도록 했다. 사마상여는 그곳에 도착하여 파촉의 백성들에게 해명의 글을 발표하였다.

"……백성들을 모아 도로를 만드는 일은 당연한 일이다. 그러나 군법을 발동하여 징발함으로써 파촉의 장로(長老)들과 자제(子弟)들을 놀래고 두렵게 한 것은 결코 폐하의 뜻이 아니다. 국가의 법령과 제도를 알지 못하고 백성들을 괴롭히는 것은 옳지 않다.

변방의 무사들은 봉수(烽燧)가 올랐다는 말을 듣는 즉시 모두 활을 메고 달려가고 무기를 들고 뛰어가서 땀을 흘리며 서로 잇달아 모여 다른 사람보다 뒤질세라 서두른다.

서슬 퍼런 적의 칼날을 무릅쓰고, 날아오는 화살을 두려워하지 않는 것을 의로 여겨 뒤돌아보지 않는다(觸白刃 冒流矢 義不反顧). 파촉의 백성들은 깊이 생각하고 멀리 내다보아 국가의 위급을 생각하며, 신하의 도리를 다하는 것을 즐거움으로 생각해야 할 것이다……."

원문은「의불반고(義不反顧)」로 되어 있다.

탁문군과 사마상여

회남 · 형산열전(淮南衡山列傳)

척포두속
尺布斗粟

자 尺 베 布 말 斗 조 粟

한 자의 베, 한 말의 곡식도 서로 나눌 수 있다는 뜻으로, 형제간의 알력(軋轢)을 이르는 말.

한나라 고조 유방은 나라를 세운 후, 각 지역을 여러 개의 제후국으로 나누었다. 회남(淮南)의 여왕(厲王) 유장(劉長)은 한 고조의 막내아들이다.

그의 어머니는 본래 조왕 장오(張敖)의 미인(美人 : 비빈妃嬪의 칭호)이었는데, 고조 8년에 고조가 동원(東垣 : 하북 정정)으로부터 돌아오는 길에 조나라를 지날 때 조왕은 이 미인을 고조에게 바쳤다.

여왕의 어머니는 고조의 총애를 받아 임신을 하게 되었다. 고조가 떠나간 뒤 조왕 장오는 그녀를 감히 궁궐 안에 둘 수 없어 따로 밖에 궁을 지어 그곳에서 머물도록 했다.

관고(貫高) 등이 반란을 일으켜 박인(柏人 : 하북성)에서 고조를 죽이려 했던 일이 발각되었는데, 조나라 왕도 이 일에 연루되어 왕의 어머니 · 형제 · 미인들은 모조리 붙잡혀 하내(河內)에 갇혔다.

여왕의 어머니 역시 옥에 갇혔는데, 옥리에게 이렇게 말했다.

"황제의 총애를 받아 홀몸이 아니십니다."

옥리는 그 사실을 황제에게 보고하였으나, 황제는 마침 조나라 왕에게 몹시 화가 나 있던 터라 여왕 어머니의 일을 처리하지 않았다. 그래서 여왕 어머니의 동생인 조겸(趙兼)이 벽양후(辟陽侯 : 심이기)를 통해 여후에게 이 사실을 알렸지만, 여후는 질투심 때문에 고조에게 말하려 하지 않았고, 벽양후 역시 애써 변론하지 않았다.

여왕의 어머니는 이미 여왕을 낳고는 원통하여 스스로 목숨을 끊고 말았다. 옥리가 어린 여왕을 받들고 가서 고조에게 바치니, 고조는 후회하고 여후로 하여금 여왕을 양육하게 하였다.

회남왕 경포(黥布)가 반란을 일으키자, 고조는 아들 유장을 회남왕으로 삼아 경포의 옛 땅을 다스리게 했는데, 모두 네 개 군이었다. 고조가 몸소 군사를 이끌고 가서 경포를 무찔렀고 마침내 여왕이 즉위했다.

여왕은 일찍이 어머니를 여의고 늘 여후를 의지하였다. 이런 이유로 혜제(惠帝)와 여후의 시대에는 총애를 받아 해를 입을까 걱정하는 일이 없었다.

유방이 죽고 태자 유항(劉恒)이 즉위하였으니, 곧 한 문제(文帝)이다. 이때, 유장은 이미 자신의 회남 땅에 돌아가 있었는데, 그는 그곳에서 이복형이 황제라는 것을 믿고 마음대로 행동하며, 마치 황제처럼 의례(儀禮)를 갖추곤 하였다.

뿐만 아니라 황제를 알현하러 와서는 군신(君臣)의 예의를 무시한 채, 황제를 직접 「형님」이라 불렀으며, 사냥을 나갈 때에는 고집을 부려가면서 황제의 수레에 함께 탔다.

문제는 회남왕의 행동을 몹시 불만스럽게 여기고, 그에게 여러 차례 주의를 주었지만, 회남왕은 조금도 고치지 않았다. 문제는 더 이상 참을 수가 없어서 그에게 사죄하는 글을 올리라고 하였다.

그러나 회남왕은 잘못을 고치기는커녕 오히려 반란을 일으키려고 하였다. 회남왕의 모반계획을 미리 알아차린 문제는 회남왕 유장을 체포하여 귀양을 보냈다. 그러나 유장은 귀양을 가던 도중에 스스로 음식을 먹지 않아 죽었다.

얼마 후, 백성들 사이에서 이러한 노래가 퍼지기 시작하였다.

한 자의 베도 꿰매어 나누어 입을 수 있고
한 말의 곡식도 찧어 나눌 수가 있는데

형과 아우 두 사람은 서로 용납지 못하는구나

一尺布尙可縫　　일척포상가봉
一斗粟尙可沃　　일두속상가옥
兄弟二人不能相容　　형제이인불능상용

문제는 노래를 듣고 탄식하여 말했다.

"요순은 골육을 내쫓았고, 주공은 관숙과 채숙을 죽였는데도 천하 사람들은 그들을 성인이라 부른다. 무엇 때문인가? 사사로운 정을 가지고 공사(公事)를 해치지 않았기 때문이다. 어찌하여 천하는 짐이 회남왕의 땅을 탐냈다고 하는가?"

한문제

순리열전(循吏列傳)

서 사 불 이
誓死不二 맹세할 誓

죽어도 결심을 바꾸지 않는다는 뜻.

춘추시대 때 이리(李離)는 진(晋)나라 문공(文公)의 옥관(獄官)이었다. 그는 무고로 인해 잘못 판결을 하여 사람을 죽이게 되었으므로 스스로 옥에 갇혀 처형을 받으려고 했다. 그러자 문공이 말했다.

"관에는 상하의 구별이 있고, 벌에는 경중이 있소. 하급관리에게 잘못이 있다고 하여 그것이 그대의 죄는 아니오."

이리가 말했다.

"저는 관직의 장(長)으로 있은 지 오래 되었습니다만, 부하 관리에게 자리를 양보한 일도 없고, 또 많은 봉록을 받았지만 부하 관리에게 그 이익을 나누어 주지도 않았습니다. 그런데 지금 판결을 잘못 내려 사람을 죽이고, 그 죄를 부하 관리에게 떠넘긴다는 것은 일찍이 들어본 적이 없습니다."

이리는 사퇴하고 문공의 명령을 듣지 않았다.

문공이 말했다.

"그대는 스스로 죄가 있다고 하는데, 그렇다면 나에게도 죄가 있는 것이 아니겠소?"

이리가 말했다.

"옥관에게는 옥관으로서의 지켜야 할 법이 있습니다. 형벌을 잘못 내렸으면 스스로 형벌을 받아야 하며, 형을 잘못 내렸으면 스스로 처형을 받아야 합니다. 군공(君公)께서는 제가 능히 미묘한 것까지 심리하여 의혹을 풀 수 있을 것으로 여겼기 때문에 법관으로 임명하셨던 것입니다. 지금 무고로 인해 사람을 죽였으니 그 죄는 죽어 마땅합니다."

이리는 결국 문공의 명령을 듣지 않고 칼에 엎드려 죽었다.

급·정열전(汲鄭列傳)

重足而立 側目而視(중족이립 측목이시) 겹칠 重 발 足 말이을 而 곁 側

두 발을 모으고 서서 곁눈질만 한다는 뜻으로, 몹시 두려워하여 감히 화를 내거나 말을 하지 못함을 형용한 말.

복양(濮陽) 사람 급암은 성품이 강직하여, 한나라 경제(景帝)와 무제 때 태자세마(太子洗馬), 알자(謁者), 주작도위(主爵都尉) 등의 관직을 맡았다. 이때, 장탕(張湯)이라는 사람이 법률을 개정하여 정위(廷尉)가 되었기 때문에 급암은 여러 차례 황제의 앞에서 장탕을 꾸짖어 말했다.

"그대는 정경(正卿 : 상대부에서 선발되어 정치를 하는 사람)의 요직에 있으면서, 위로는 선제의 위업을 넓혀 나라를 평안히 하지 못했고, 아래로는 안정된 나라의 백성들을 풍요롭게 하지 못함과 사악한 마음을 억눌러 감옥을 텅 비게 만들지 못했소. 두 가지 가운데 하나도 이룬 것이 없으면서도, 일을 잘못 처리하여 고통을 안겨주고도 가혹하게만 하고, 제멋대로 사회 질서를 파괴하여 개인의 공을 이루려고만 했소. 어찌하여 고조 황제께서 만든 규약과 법령을 어지럽게 바꾸는 일을 하시오. 공은 이 때문에 멸족의 화를 입게 될 것이오."

급암은 자주 장탕과 논쟁을 벌였는데, 장탕의 변론은 언제나 말재간이 뛰어나 치밀하였으며, 법조문의 깊이 있고 상세한 부분까지 들어서 설명한 반면, 급암은 강직하고 엄숙하며 원칙을 견지하며 굴복하지 않았다.

급암이 장탕을 꾸짖어 말했다.

"세상에서 흔히 말하기를 '도필리(刀筆吏)를 공경(公卿)에 앉혀서는 안 된다.' 고 하더니, 과연 그렇구나. 틀림없이 장탕을 두고 하는 말일 것이다. 장탕이 득세하면 천하 백성들은 두 발을 모으고, 곁눈질로 보게 만들겠구나(令天下重足而側目而視矣)."

급암은 황제 앞에서도 큰소리칠 정도로 성품이 강직한 인물이었다. 그는 법조문을 꼼꼼히 따져 각박하게 법을 적용하고 심지어 권력자의 기분에 맞추어 법조문을 왜곡 적용하는 도필리들을 못마땅하게 여겼다. 여기서 "두 발을 모으고 서서 몹시 두려워 떤다"는 「중족이립(重足而立)」과 "곁눈질만 하고 제대로 바라보지 못한다"는 「측목이시(側目而視)」 성어가 생겨났다.

훗날, 장탕의 관직은 점차 높아져 어사대부에 이르렀으나, 급암은 오히려 회양군의 태수로 밀려났다.

후래거상
後來居上

뒤 後 올 來 거할 居 위 上

뒤에 온 것이 위에 있다는 뜻으로, 나중에 발탁된 사람이 윗자리에 앉음을 이르는 말.

급암(汲黯)은 한나라 무제(武帝) 때의 간신(諫臣)으로, 성품이 강직하기로 유명하여 황제 앞에서도 바른말하기를 서슴지 않았다. 한무제도 그를 어렵게 생각하였다. 급암은 중대부로 승진하고서도 여전히 강직한 성품으로 무제에게 직언을 하였는데, 그는 결국 무제의 미움을 사서 동해태수로 전출되었다.

급암은 황제(黃帝)와 노자의 학설을 배워 관리와 백성들을 다스림에 있어서도 청정(淸靜)한 것을 좋아하여 승(丞 : 태수의 부관)과 사(史 : 문서를 관리하는 서기)를 선발하여 모든 것을 위임했다. 그의 통치방법은 정치의 큰 요지만을 강구할 뿐 사소한 일에는 개의치 않았다.

급암은 자주 아파서 내실에 누워 밖으로 나가지 못했다. 이렇게 한 해를 보내도 동해군은 잘 다스려졌으며, 그의 치도(治道)는 늘 칭찬을 받았다. 무제는 이 소문을 듣고 그를 불러 주작도위(主爵都尉 : 열후를 관장하는 관리)에 임명함으로써 그를 구경의 반열에 오르게 했다.

그는 업무를 처리함에 있어 무위(無爲)만을 추구했고, 대체적인 것만을 다스리고 법령에 구애받지 않았다. 그러나 그는 옛 습관을 고치지 못하고, 사람을 앞에 두고 그 잘못을 비난했다.

급암이 구경(九卿)의 관직에 있을 때, 공손홍(公孫弘)이나 장탕(張湯) 등은 아직 하급관리에 지나지 않았는데, 그들은 아부를 잘 하는 사람들로서 점점 귀한 신분이 되어 급암과 동격이 되었다.

원래 급암이 구경이었을 때의 속관(屬官)은 모두 급암과 같은 지위에 올랐으며, 그 가운데는 중용되어 급암 이상이 된 자도 있었다. 급암은 편협한 마음에서 다소 원망하는 생각이 없을 수 없었다. 그래서 무제를 알현하고 말했다.

"폐하께서 군신을 등용하시는 것은 장작을 쌓아놓는 것과 마찬가지여서 나중에 들어오는 사람이 윗자리에 올라가게 됩니다(陛下用群臣如積薪 後來者居上)."

무제는 잠자코 말이 없었다.

그 후 급암이 죽자, 무제는 급암을 생각하여 그의 동생과 아들에게 벼슬을 주었는데, 모두 영리하고 처세에 뛰어난 사람들로서 벼슬이 구경(九卿)에 이르렀다.

여기서 유래하여 「후래거상」은 나중에 발탁된 사람이 먼저 들어온 사람보다 윗자리에 앉게 되는 것을 비유하는 말로 사용된다.

門前雀羅(문전작라) 참새 雀 새그물 羅

방문객도 없이 대문 앞에 참새를 잡는 그물이 쳐 있을 정도로 쓸쓸한 모양. 권세가 약해지면 방문객이 끊어진다는 말.

전한(前漢) 무제 때 급암(汲黯)과 정당시(鄭當時)라는 두 어진 신하가 있었다. 그들은 학문을 좋아하고 의협심이 강해 한때 구경(九卿)의 지위에까지 오른 적도 있지만, 지조가 강하고 직언하기를 좋아하여 매번 무제와 대신들을 무안하게 하였다. 다른 대신들이 그들을 책망하면 이렇게 말하였다.

"천자께서는 삼공과 구경을 두어 보필하는 신하로 삼았는데, 어찌 신하된 자로서 아첨하여 천자의 뜻만 좇아 천자로 하여금 옳지 못한 곳으로 빠지게 하겠소. 또 그런 지위에 있는 이상 자기 한 몸을 희생시키는 한이 있더라도 조정을 욕되게 해서야 되겠소?"

이 때문에 급암은 좌천과 면직을 거듭하다가 벼슬을 마쳤지만, 이들은 각기 협객을 자칭하며 찾아오는 손님은 지위고하를 막론하고 문 앞에서 기다리는 일이 없게 하고, 봉록 따위를 빈객과 잘 나누었다.

그래서 현직에 있을 때는 방문객이 들끓었다. 그러나 이들이 관직에서 물러나고 집안 형편이 나빠지자 방문객의 발길이 뚝 끊겼다.

사마천(司馬遷)은 열전의 말미에 다음과 같이 평을 달았는데, 여기서 「문전작라」라는 말이 비롯되었다.

"급암 · 정당시와 같은 현인이건만 세력이 있으면 빈객이 열 배로 늘어나고, 세력이 없어지면 빈객들은 뿔뿔이 흩어져 갔다. 하물며 보통사람이야 오죽하겠는가? 하규(下邽) 사람 적공(翟公)은 이렇게 말했다. '처음 내가 정위가 되었을 때는 빈객이 문 앞에 가득 찼지만(賓客闐門), 파면되자 문 밖에 참새 잡는 그물을 쳐도 될 정도였다(門外可設雀羅). 내가 다시 정위가 되자 빈객이 또다시 밀려들었다. 그리하여 나는 문에다 크게 써서 붙여두었다.'

한 번 죽고 한 번 사는데 곧 사귀는 정을 알게 되고,

一死一生 乃知交情　일사일생 내지교정

한 번 가난해지고 한 번 부해지므로 교제하는 참 모습을 알게 되며,

一貧一富 乃知交態　일빈일부 내지교태

한번 귀하고 한번 천함에 곧 사귐의 정이 나타나네.

一貴一賤 交情乃見 일귀일천 교정내현

급암과 정당시에 대해서도 똑같은 말을 할 수 있겠는데, 이 얼마나 슬픈 일이란 말인가?"

권력의 부침에 따라 변하는 인심을 나타내는 말로, 우리 속담에, "정승집 개가 죽으면 문상객이 문전성시를 이루지만 정승이 죽으면 문상객이 문전작라가 된다."는 말과 통한다. 문전가설작라(門前可設雀羅)와 같은 말이고, 문전성시(門前成市)와 반대되는 말이다.

여기서 또한 "한 번 죽고 한 번 사는데 곧 사귀는 정을 알게 된다."는 한 번 태어나고 한 번 죽는 일. 곧 죽음과 삶의 「일사일생(一死一生)」은 보통 순경(順境)과 역경(逆境), 행과 불행이 반복하는 데 비유한다.

유림열전(儒林列傳)

곡 학 아 세
曲學阿世 굽힐 曲 배울 學 아부할 阿 세상 世

자기가 배운 것을 올바로 펴 볼 생각은 않고, 자기의 배움을 굽혀 가면서 세상의 비위에 맞추어 출세하려는 그런 태도나 행동.

원고(轅固)란 사람은 한경제(漢景帝, BC 157~141) 때 학자로 《시경》에 능통해 박사(博士)가 되었다. 원고는 성품이 강직한 사람으로, 옳다고 생각하면 목에 칼이 들어와도 두려워하지 않고 할 말을 했다.

경제의 어머니 두태후(竇太后)는 노자(老子)의 숭배자였다. 언젠가 원고가 박식이란 얘기를 전해들은 두태후는 그를 궁중으로 불러들여 《노자》의 내용에 대해 물었다.

"그댄 노자를 어떻게 생각하는가?"

"노자는 머슴이나 노예와 같은 보잘것없는 사나이입니다. 그러니까 그가 말하는 것은 다 멋대로 떠들어대는 말에 지나지 않습니다. 적어도 천하 국가를 논하는 인물이 문제시할 가치가 있는 자가 되지 못합니다."

원고는 조금도 거리낌 없이 말했다. 과연 태후는 크게 노했다.

"이 발칙한 놈, 노자를 가짜 취급하다니, 이놈을 곧 하옥시켜라!"

옥에 갇힌 원고는 벌로서 매일 돼지를 잡는 일을 하게 되었다. 태후로서는 90이 넘는 노인에게 돼지 잡기란 어려울 것이다, 못하면 못하는 대로 다시 다른 벌을 줄 구실이 된다, 라는 생각에서였다. 심술궂은 늙은이의 생각이란 이제나 옛날이나 변함이 없는 것 같다.

그런데 딱하다고 생각한 것은 황제였다. 예리한 칼을 옥중에 있는 원고에게 주어 돼지를 찌르게 했던 바, 단 한 번에 용하게도 돼지의 심장을 찔러 돼지는 쿵 하고 쓰러졌다. 이 말을 들은 태후는 원고의 울상도 보기가 민망한데다가 자기 아들이라고는 하나 황제가 그를 두둔하는 데는 더 이상 원고를 괴롭힐 수 없다고 생각해서 마지못해 원고를 옥에서 풀어 주었다.

이 겁 없고, 권력을 두려워하지 않고 직언하는 태도에 탄복한 황제는 원고를 삼공(三公)의 하나인 청하왕(淸河王)의 태부(太傅)로 임명했다. 원고는 오랫동안 태부의 자리에 있다가 병으로 그 자리를 물러났다.

경제의 다음 황제인 무제(武帝, BC 147~87)가 즉위하자, 원고를 현량(賢良)으로 발탁하여 조정으로 불러올렸다. 그러나 아첨을 일삼는 무리들은 원고의 입바른 소리가 무서워 그를 어떻게든지 밀어내려 했다.

그때 원고의 나이 벌써 아흔이 넘어 있었기 때문에 그들은 일제히 맞장구를 쳐가며 그를 헐뜯었다.

"원고는 이제 너무 늙어서 아무 일도 볼 수가 없습니다."

무제는 그를 그대로 돌려보냈다 그 때에 원고생의 나이는 90이 넘었다. 원고생이 불려갔을 때 설(薛) 사람 공손홍도 불려왔는데, 그는 원고생을 경외하여 바로 쳐다보지 못하고 곁눈질로 보았다.

원고생이 말했다.

"공손자여! 바른 학문으로 직언을 하도록 하시오. 배운 것을 굽혀 세상에 아부해서는 안되오(務正學以言 無曲學以阿世)."

그 후 제나라에서 《시경》을 배운 사람들은 모두 원고생의 학설에 바탕을 두었고, 《시경》을 가지고 높은 자리에 앉은 제나라 사람들은 모두 원고생의 제자였다.

혹리열전(酷吏列傳)

망루어탄주지어
網漏於呑舟之魚

그물 網 샐 漏 삼킬 呑 배 舟

큰 고기도 새어나갈 그물이란 뜻으로, 법령이 관후(寬厚)하여 큰 죄를 짓고도 능히 빠져나갈 수 있음을 비유하여 이르는 말. 탄주(呑舟)는 배를 삼킬 만한 고기이니, 매우 큰 물고기를 이름.

사마천은 이렇게 말한다.

"진실로 옳은 말들이다! 법령이란 다스림의 한 방편일 뿐 백성들의 선악과 청탁을 다스리는 근본이 되지는 못한다. 옛날(秦나라 때)에는 천하의 법망이 치밀했으나, 간사함과 거짓이 싹이 터 마침내는 법에 저촉시키려는 관리들과, 법망을 빠져 나가려는 백성들의 혼란은 구제할 수 없는 지경에 이르렀다.

당시의 관리들은 불을 그대로 둔 채 끓는 물만 식히려는 것처럼 정치를 하였다. 준엄하고 혹독한 사람이 아니고서는 어떻게 그 임무를 즐겨 감당할 수 있었겠는가?

도덕을 말하는 사람들 역시 자기가 맡은 일을 감당하지 못했던 것이다. 그러므로 공자는 '송사를 처리하는 일은 나도 남과 다를 것이 없지만, 나는 송사를 일어나지 않도록 할 수 있다(必也使無訟乎).' 라고 했으며, 노자도 '못난 선비는 도를 듣고 크게 웃기만 할 뿐이다(下士聞道大笑之).' 라고 했는데, 이것은 허튼 소리가 아니다.

한나라가 흥성하자 모가 난 것을 둥글게 만들고(진나라의 가혹하고 엄하기만 한 형벌을 한고조의 「약법삼장(約法三章)」으로 쉽고 간편하게 만들었다는 뜻), 엄한 형벌들을 없애고 간편한 것을 따랐으며, 수식을 붙이지 않고 소박한 조각을 만들 듯이 기교와 거짓을 없애니(漢興 破觚而爲圜 斫雕而爲樸), 그 법망은 배를 통째로 삼키는 고기라도 빠져나갈 만큼 너그러워졌다(網漏於呑舟之魚).

그런데도 불구하고 관리의 치적은 날로 올라갔고, 백성은 간악한 범행을 저지르는 일이 없어 나라는 평안했다. 그런 점으로 미루어 보아 백성을 다스리는 근본은 도덕에 있는 것이지 가혹한 법에 있는 것은 아니다."

여기서 「망루탄주(網漏呑舟)」 성어가 생겨났다.

불한이율
不寒而慄 찰 寒 말이을 而 두려워할 慄

춥지도 않은데 공포에 떨다. 곧 폭정이 하도 심해서 춥지도 않은데 저절로 몸이 떨린다는 말.

한(漢)나라 때 도둑 의종(義縱)은, 그의 누이 의후(義姁)가 황태후의 병을 고쳐주어 총애를 받음으로써 벼슬길에 올라 현감을 거쳐 남양(南陽)태수를 지낸 뒤 다시 정양태수가 되었다.

의종은 지방의 호족들을 숙청하고 백성들을 탄압한 잔인한 관리였는데, 남양태수로 부임하여 악랄하기로 소문난 도위(都尉) 영성(寧成)을 잡아가두고 그의 일가족을 모두 죽였다. 그 뒤 정양태수로 임명되자 정양군의 호족세력을 평정하고 2백여 명을 감옥에 가두었으며, 또 그들을 면회 온 2백여 명을, 사형에 해당하는 자를 탈옥시키려고 꾀했다는 이유로 체포하여 모두 4백여 명의 백성을 죽였다.

"4백여 명을 다 죽였다는 소문을 듣고 정양군의 백성들은 날씨가 춥지 않았는데도 벌벌 떨었다(是日皆報殺四百餘人 郡中不寒而慄)." 라고 기록되어 있다.

백성들을 잔혹하게 죽이고 탄압하여 무고한 백성들이 매우 두려워하며 공포에 떠는 것을 비유하는 말이다.

대원열전(大宛列傳)

要領不得 (요령부득)　　　　종요로울 要 옷깃 領 얻을 得

말이나 글의 요령을 잡을 수가 없음.

말이나 글이, 목적과 줄거리가 뚜렷하지 못해 무엇을 나타내려는 것인지를 알 수 없을 때 이런 말을 쓴다. 「요령(要領)」은 요긴한 줄거리란 정도의 뜻을 가지고 있다.

그런데 옛날에는 이 「요령부득」이 두 가지 다른 뜻으로 쓰였다. 하나는 「요령(要領)」의 「요(要)」가 허리의 요(腰)와 같은 뜻으로 쓰이는 경우인데, 이때의 「요령부득」은 제 명에 죽지 못함을 말한다. 옛날에는 죄인을 사형에 처할 때, 무거운 죄를 지은 자는 허리를 베고 가벼운 죄를 지은 자는 목을 베었다. 「요」는 허리를 말하고 「령」은 목을 뜻한다. 그러므로 「요령부득」은 허리와 목을 온전히 보존하지 못한다는 뜻이다.

그러나 오늘날 우리가 쓰는 「요령」이란 말은 옷의 허리띠와 깃을 말한다. 옷을 들 때는 반드시 허리띠 있는 곳과 깃이 있는 곳을 들어야만 옷을 얌전히 제대로 들 수 있다. 여기에서 허리띠와 깃이 요긴한 곳을 가리키는 말로 변하게 되었다.

"요령이 좋지 못하다." 든가, "요령을 모른다." 든가 하는 뜻의 「요령부득」 이란 말이 처음 나온 곳은 〈대원열전〉이다.

한무제(漢武帝)는 흉노를 치기 위해 장건(張騫)을 대월지국으로 보낸 일이 있다. 그러나 월지국은 흉노 땅을 거쳐야만 되기 때문에 장건은 백여 명의 수행원과 함께 곧 흉노의 포로가 된다.

거기서 10년 남짓 억류생활을 하며 흉노의 여자를 아내로 얻어 자식까지 낳는다. 그러나 장건은 흉노가 안심하고 있는 기회를 틈타 대원(大宛)으로 간다. 대원국은 한나라와 무역을 원했기 때문에 장건을 대월지국까지 안내자를 딸려 보낸다. 그때 월지의 왕이 흉노에 의해 죽었기 때문에 태자가 새로 왕으로 앉아 있었다.

신왕은 대하국(大夏國)을 정복하여 그곳에 살고 있었는데, 땅도 비옥하고 이민족의 침략도 적은 곳이었기 때문에 편안한 생활을 즐기고 있었다.

그래서 흉노에 대한 복수심도 점점 식어지고, 한나라와는 거리가 먼 관계로 새삼 친교를 맺을 생각이 없었다. 그리하여 장건은 월지에서 대하까지 가긴 했으나, 끝내 월지왕의 참뜻이 무엇인지를 모르고 1년 남짓 있다가 돌아오고 말았다.

그러나 돌아오는 길에 다시 흉노에게 붙들려 1년 남짓 억류되어 있다가, 때마침 흉노 왕이 죽고 왕끼리 권력다툼을 하는 혼란한 시기를 틈타 탈출에 성공 무사히 조국 땅으로 돌아올 수 있었다. 한나라 수도 장안을 떠난 지 13년 만에 겨우 흉노에서 장가든 아내와 안내역으로 같이 갔던 감보(甘父)와 셋이서 돌아왔다.

그러나 요령을 얻지 못하고 돌아온 장건은 서역 문명의 소개자로 역사에 남게 되었다.

동서의 교통이 여기서 열린 것이다. 서방 국가로부터는 포도와 명마(名馬)·보석·석류·수박, 악기인 비파 등등. 그리고 한(漢)에서는 금과 비단 등이 운반되었다. 소위「실크로드(Silk Road)」다.

장건출사서역도

유협열전(遊俠列傳)

절구자주 절국자위제후
竊鉤者誅 竊國者爲諸侯 훔칠 竊 갈고랑이 鉤 벨 誅

"허리띠의 갈고리단추를 훔친 자는 처형되고, 나라를 훔친 자는 제후가 된다." 는 뜻으로, 작은 도둑은 처벌을 받고 큰 도둑은 받듦을 받는다.

옛날 순(舜)은 아우 때문에 우물을 파다가 매장될 뻔했고, 이윤(伊尹)은 욕되게 솥과 도마를 짊어지고 다니며 요리를 했으며, 부열(傅說)은 부험(傅險)이라는 곳에 숨어 살았고, 여상(呂尙 : 태공망)은 극진(棘津)이라는 나루터에서 곤궁하게 살았으며, 이오(夷吾 : 관중)는 수갑과 차꼬를 찬 일이 있고, 백리해(百里奚)는 노예가 되어 소를 먹였으며, 공자는 광(匡) 땅에서 위급한 변을 당했고, 진(陳) · 채(蔡)나라에서는 먹을 것이 없어서 얼굴빛이 나빴다.

이들은 모두 유가에서 인정하는 덕망 있고 어진 사람들이다. 그런데도 이러한 재난을 만났는데, 하물며 평범한 재능을 가진 사람으로 어지러운 세상의 혼탁한 흐름을 건너자면 말할 나위가 있겠는가? 그들이 겪는 재앙을 어찌 일일이 다 말할 수 있겠는가?

어떤 비천한 사람이 이런 말을 했다.

"인의(仁義) 따위는 우리들의 알 바가 아니다. 우리들에게 이익을 주는 사람이 있다면 그가 바로 덕이 있는 사람이다."

그러기에 백이(伯夷)는 주(周)나라를 추악하게 여기고 수양산에서 굶어죽었음에도 불구하고 문왕과 무왕은 그로 인해 왕위에서 물러나지 않았으며, 도척(盜跖)과 장교(莊蹻)는 포악하고 잔인했지만, 그 일당들은 그들이 의기 있는 사람이라고 한없이 칭송했다.

이것으로 볼 때, "허리띠의 갈고리단추를 훔친 자는 처형되고, 나라를 훔친 자는 제후가 되며, 제후의 문하에는 인의(仁義)가 있다(竊鉤者誅 竊國者爲諸侯 侯之門仁義存)."라는 말은 허튼소리가 아니다(非虛言也).

지금 학문에 얽매여서, 혹은 하찮은 의(義)를 품은 채 오랜 세월 세상을 등지고 살아가는 것이 어찌 비속한 의논으로 세속에 부합하여 세상의 흐름을 따라 부침하여 명예를 얻는 것만 못하겠는가?

그러나 또한 포의(布衣 : 서민이나 백성)의 무리로서 은혜를 입었으면 반드시 갚고, 승낙한 일은 반드시 실천에 옮기고, 천 리 먼 곳에서도 의를 위해서 한 몸을 던져 죽음을 두려워하지 않고, 세상의 평에 구애받지 않는다면 이 또한 그들의 장점으로 아무나 그렇게 할 수 있는 것은 아니다.

그래서 선비들도 곤궁한 처지에 몰리면 그들에게 생명을 의지하게 된다. 그들이야말로 사람들이 말하는 현인이나 호걸이 아니겠는가?

백리해

골계열전(滑稽列傳)

三年不飛又不鳴
삼 년 불 비 우 불 명

날 飛 또 又 울 鳴

활동해야 할 사람이 활동을 하지 않는 것을 이르는 말.

전국시대 때 제나라에 순우곤(淳于髡)이라는 사람이 있었다. 키는 7척(우리 치수로는 5척 남짓)도 안 되었지만, 익살스럽고 변설에 뛰어나 일찍이 제후들에게 자주 사신으로 나갔으나 굴욕을 당한 일이 한 차례도 없었다.

제나라 위왕(威王) 때의 일이다. 위왕은 수수께끼 풀기를 좋아했고, 음탕하게 놀며 밤새도록 술 마시기를 즐겼다.

술에 빠져 나랏일을 돌보지 않고 정치를 경과 대부들에게 맡겼다. 문무백관들의 질서는 문란해졌고, 제후들이 한꺼번에 침략하여 나라의 존망이 조석에 놓이게 되었다. 그런데도 주위 신하들 가운데 감히 간언하는 자가 없었다.

이때 순우곤이 왕에게 수수께끼로 빗대어 이렇게 말했다.

"나라 안에 큰 새가 있는데, 대궐 뜰에 앉아서 3년 동안이나 날지도 않고 울지도 않고 있습니다. 대왕께서는 이 새가 무슨 새인지 아십니까(三年不飛又不鳴 王知此鳥何也)?"

왕이 대답했다.

"이 새는 날지 않으면 몰라도 한번 날면 하늘에 치솟아 오르고, 울지 않으면 몰라도 한번 울면 사람들을 놀래게 만든다(不飛則已 一飛沖天 不鳴則已 一鳴驚人)."

그래서 위왕은 각 현의 현령과 현장(縣長) 72명을 조정으로 불러들여, 그 중에서 한 사람을 상 주고 한 사람을 사형에 처했다. 그런 뒤에 군사를 일으켜 출정했다. 제후들은 크게 놀라 그 동안 침략해서 차지했던 제나라의 땅을 모두 돌려주었다. 그 뒤로 제나라의 위엄이 36년간이나 떨쳐졌다.

3년 동안 꼼짝도 않으며 날지도 울지도 않는다는 뜻으로, 활동을 해야 할 사람이 아무 활동도 하지 않는 것을 가리켜 말하게 된다.

豚蹄一酒 (돈제일주)

돼지 豚 발굽 蹄 술 酒

작은 것으로 많은 것을 구하려고 함.

돼지발과 술 한 잔이라는 뜻으로, 작은 것으로 많은 것을 구하려고 함을 비유하여 이르는 말이다.

제 위왕(威王) 8년에 초나라에서 군사를 일으켜 제나라로 쳐들어왔다. 제나라 왕은 순우곤(淳于髡)에게 황금 100근, 사차 10대를 예물로 가지고 조나라로 가서 구원군을 청하게 했다. 그러자 순우곤이 하늘을 우러러보며 크게 웃으니 갓끈이 모조리 끊어졌다. 왕이 놀라 물었다.

"선생은 이것이 적다고 생각하시오?"

"어찌 감히 그렇다고 하겠습니까."

"그럼 웃는 데는 그만한 이유가 있을 게 아니오?"

순우곤이 말했다.

"지금 저는 동쪽에서 오는 길에 길가에서 풍작을 비는 사람을 보았는데, 돼지 발 하나와 술 한 잔(豚蹄盂酒)을 손에 들고 이렇게 빌고 있었습니다.

높은 골짜기에는 광주리에 가득 찬 수확이 있고,

甌窶滿篝 구구만구

낮은 들판에는 수레에 가득 찬 수확이 있을지어다.

汙邪滿車 오사만거

오곡이 풍성하게 잘 여물어서,

五穀蕃熟 오곡번숙

집안 구석구석 넘쳐나게 하옵소서.

穰穰滿家 양양만가

저는 그가 손에 들고 있는 것은 그처럼 작으면서 원하는 것이 그처럼 큰 것을 보았기 때문에 그걸 생각하고 웃은 것입니다."

위왕은 황금 1,000일, 백벽(白璧) 10쌍, 사두마차 100대로 예물을 늘려 보냈다. 순우곤은 사신으로 조나라에 이르렀다. 조나라 왕은 그에게 정병(精兵) 10만과 전차 1,000대를 내주었다. 초나라는 이 소식을 듣고 밤을 틈타 병사를 철수시켜 돌아갔다.

杯盤狼藉(배반낭자) 잔 杯 쟁반 盤 어지러울 狼 자리 藉

술잔과 그릇들이 어지럽게 흩어져 있다는 뜻으로, 한창 술을 흥겹게 마시고 노는 모양. 또는 술 마신 자리의 어지러운 모습.

"배반이 낭자하다."는 말은 널리 쓰이는 말이다. 술잔과 안주 접시가 질서 없이 뒤섞여 있다는 뜻으로, 술을 진탕 마시며 정신없이 놀고 난 자리의 어지러운 모습을 말한다.

전국시대 초기, 제(齊) 위왕(威王) 때 순우곤(淳于髡)이란 키가 작고 익살스런 사람이 있었다. 때마침 제(齊)가 초(楚)의 공격을 받고 있었기 때문에 조(趙)로 원병을 청하게 되었다.

그 때 순우곤이 제의 사신으로 조나라에 가서 보기 좋게 10만 정병을 얻는 데 성공, 때문에 초는 손을 뗄 수밖에 없게 되었다. 그래서 바야흐로 제나라의 후궁에서는 축하연이 한창이었다.

위왕은 그 자리의 주인공 순우곤에게 물었다.

"선생은 어느 정도 마시면 취하는지?"

"한 말로도 취하고 한 섬으로도 취합니다."

곤은 수수께끼를 좋아하는 제왕에게 수수께끼 같은 대답을 하였다. 그러자 제왕은 그 설명을 재촉했다.

"한 말로 취하는 사람이 한 섬을 마실 수야 없지 않겠소. 어떻게 하는 말씀이신지?"

순우곤은 점잔을 빼면서, 술이란 마시는 사람의 기분에 따라 취하는 양이 달라지는 예를 차례로 들어 말하며, 끝으로 한 섬을 마시게 되는 경우를 말했다.

"날이 저물어 술이 얼근해졌을 때, 술통을 한데 모으고 무릎을 맞대며 남자와 여자가 한자리에 앉아, 신발이 서로 엇갈리고, 술잔과 안주 접시가 어지럽게 흩어져 있는데 방에 촛불이 꺼지며(……杯盤狼藉 堂上燭滅), 주인이 나만을 붙들어 두고 다른 손들을 보냅니다.

어둠 속에 더듬어 보면 비단 속옷의 옷깃이 풀어진 채 은은히 향수 냄새가 풍기고 있습니다. 이런 때에는 내 마음이 아주 즐거워서 능히 한 섬 술이라도 마실 수 있습니다.

그러기에 말하기를, 술이 극도에 달하면 어지러워지고, 즐거움이 극도에 달하면 슬퍼진다고 합니다. 술뿐이 아니고 모든 일이 다 그렇습니다."

이것은 순우곤이 위왕을 간하기 위해 꾸며낸 이야기다. 그 뒤로 제 위왕은 밤 깊도록 술을 마시는 일을 중지하고 곤을 제후의 주객으로서 연회 시에는 반드시 자기 곁에 두었다고 한다.

「골계열전」의 골계(滑稽)는 익살이란 뜻이다.

순우곤은 웃기는 가운데 뜻이 있는 말로써 상대의 마음을 돌려놓는 그런 익살꾼이었다.

「배반낭자」는 소식(蘇軾 : 자는 동파)의 명문 「전적벽부」에도 나온다. 소식이 친구와 마시고 이야기하며 "효핵(肴核 : 술안주)이 이미 떨어져 배반낭자하다."라고 말하고 있다.

優孟衣冠 (우맹의관)

뛰어날 優 맏 孟 옷 衣 갓 冠

사람의 외형만 같고 그 실은 다름을 비유하는 말. 또는 문학작품에 예술성이 전혀 없음을 이르는 말.

우맹이 손숙오(孫叔敖)의 의관을 입었다는 뜻이다.

중국 춘추시대 초(楚)나라의 악인(樂人) 우맹의 고사에서 유래되었다. 우맹은 풍자하는 말로써 사람들을 잘 웃겼다. 초나라 재상 손숙오(孫叔敖)는 우맹의 현명함을 잘 알고 있어 그를 후대했다. 손숙오가 병에 걸려 죽게 되었을 때, 아들에게 이렇게 유언했다.

"내가 죽고 나면 너는 틀림없이 가난하게 될 것이다. 그때에는 우맹을 찾아가서 '저는 손숙오의 아들입니다.' 라고 말하거라."

몇 해가 지나자 손숙오의 아들은 과연 가난해져서 나무를 짊어지고 다니며 팔아서 생활을 하지 않으면 안 되게 되었다. 그래서 그는 우맹을 찾아갔다.

"저는 손숙오의 아들입니다. 아버지가 돌아가시기 전 저를 보고 가난해지거든 선생님을 찾아뵈라는 말씀을 남기셨습니다."

우맹은 이때부터 손숙오처럼 의관을 갖추고 몸짓과 말투를 흉내내기 시작하여 1년쯤 지나자 손숙오와 똑같이 행동할 수 있었다.

우맹은 장왕이 베푼 주연에 참석하여 만수무강을 축원하였다. 장왕은 크게 놀라며 손숙오가 다시 살아온 것으로 여기고 그를 재상으로 삼으려고 하였다. 그러자 우맹이 말했다.

"바라건대 집에 돌아가서 처와 의논하고 나서 사흘 뒤에 재상이 되도록 해주십시오."

장왕이 그렇게 하라고 허락하자, 사흘 뒤에 우맹이 다시 어전에 나타났다. 장왕이 물었다.

"그대의 처는 무엇이라고 말하던고?"

우맹이 말했다.

"처는 저에게, '신중히 생각하여 재상 자리를 맡지 않는 편이 좋을 것입니다. 손숙오 같은 분도 초나라 재상으로서 충성을 다 하시고 또 청렴결백하게 초나라를 다스렸습니다. 그 때문에 대왕께서는 패자(覇者)가 되실 수 있었습니다. 그러나 손숙오 공께서 돌아가시니 그분의 아드님은 송곳을 꽂을 만한 땅도 없고(立錐之地), 곤궁에 빠져 나무장사를 해서 생활을 하고 있습니다. 만약 손숙오 공처럼 되어야만 하는 것이라면 스스로 목숨을 끊는 편이 낫습니다.' 라고 말했습니다."

그래서 장왕은 우맹에게 사과하고 손숙오의 아들을 불러들여 침구(寢丘)의 땅 4백 호에 봉하고 아버지의 제사를 받들게 했는데, 그로부터 10대 동안 자손이 끊이지 않았다. 이것은 우맹이 말할 시기를 잘 알고 있었던 까닭이다.

일명경인 一鳴驚人

울 鳴 놀랄 驚

한 번 울어 사람을 놀라게 하다. 뜻밖에 뛰어난 일을 해서 남을 놀라게 하는 것을 비유하는 말.

"새가 한번 울면 사람이 놀란다."는 뜻으로, 평소에는 과묵하던 사람이 갑자기 사람을 놀라게 할 만한 일을 해내는 것을 비유하는 말이다.

전국시대 제(齊)나라의 위왕(威王)은 30세가 채 안 되는 젊은 나이에 즉위하였다. 그러나 그는 국사를 등한시하여 매일 주연을 벌였으며, 이로써 밤을 새는 일 또한 잦았다. 조정(朝廷)에 나갈 시각에야 겨우 잠자리에 들기도 하여, 신하들도 왕을 깨우는 것을 삼갔다.

이렇게 3년이 지나자 자연히 국정은 혼란스러웠고, 국경분쟁도 생겨 나라의 꼴이 안팎으로 엉망이 되어갔다. 뜻있는 신하들은 이대로 두면 나라가 망할 것을 염려했지만, 감히 왕에게 간(諫)할 엄두는 내지 못하였다.

이때 대부(大夫) 순우곤이 왕을 배알하였다. 순우곤(淳于髡)은 키가 작달막한 유명한 익살꾼이었다. 전하는 바에 따르면 그의 키는 형편없이 작았다고 하지만, 사신으로 외국에 가서 키 때문에 수모를 당한 적은 없다고 한다.

순우곤이 왕에게 이렇게 말하였다.

「이 나라에는 큰 새가 한 마리 있습니다. 3년간 날지도 않고 울지도 않습니다. 무슨 새인지 아십니까?」

왕은 순우곤의 말뜻을 알았다. 왕은 순우곤에게 이렇게 말하였다.

「이 새가 비록 날지 않지만, 한 번 날면 하늘을 가린다. 또한 우는 법이 없지만, 한 번 울면 천하가 놀란다(此鳥不飛則已 一飛沖天 不鳴則已 一鳴驚人).」

이때부터 제위왕은 놀음을 삼가고 국사에 진력했다고 한다.

이 밖에 춘추시대 초장왕(楚莊王)에게도 비슷한 이야기가 있었다고 한다. 그는 재위하는 3년 동안 호령 한 마디 없이 나라 일을 전혀 돌보지 않으면서 "간하는 자는 죽인다."고까지 선포했다는 것이다.

그래서 아무도 감히 간하지 못하는데, 대부 오거와 소중이 죽음을 무릅쓰고 간했다고 한다.

《사기》 초세가에 따르면 오거가 초장왕을 간할 때 "3년 동안 날지도 않고 울지도 않는 새가 무슨 새입니까?" 하고 물으니, 초장왕은 "3년 날지 않았어도 이제 하늘로 날아오를 것이며, 3년 울지 않았어도 이제 남들이 놀라도록 울 것이다.

과인도 이미 알고 있으니 경은 더 말하지 말라." 고 했다는 것이다.

이유취
以類聚

써 以 무리 類 모일 聚

"같은 무리끼리 모인다." 는 뜻으로, 같은 생각을 하는 사람들이나 같은 위상의 사람들끼리 모인다는 말이다.

골계(滑稽)란 지식이 풍부하여 어떠한 어려운 문제도 쉽사리 해답을 하는 것을 말하는데, 유머감각이나 코믹함을 이르는 말이기도 하다.

전국시대 제(齊)나라의 재상 순우곤(淳于髡)은 박학다재할 뿐 아니라 골계도 탁월했다. 그래서 선왕(宣王)을 상대로 어렵고 중대한 국사를 논의할 때도 그 유머감각을 십분 살려 분위기를 부드럽게 함으로써 문제를 순조롭게 풀어 나가곤 했다.

한번은 선왕이 순우곤에게 말했다.

"부국강병은 역대 나라의 과제이거니와, 그러려면 경에 버금갈 만한 인재들이 과인의 주변에 많아야 할 것이오. 세상에는 숨어 있는 현자(賢者)가 간혹 있을 것인즉, 경은 책임지고 찾아보도록 하오."

선왕의 명이 있은 지 얼마 후 순우곤이 일곱 명의 선비를 데리고 입궐했다.

"저들은 웬 사람들이오?"

"지난번 전하께서 말씀하신 현자들입니다."

순우곤은 대답하고, 선비들에게 임금에게 인사드리라고 했다. 그런 다음 이 사람은 이런 재주가 있고 저 사람은 저런 재능이 있다는 식으로 장황하게 소개했다.

듣고 있던 선왕은 자기도 모르게 얼굴을 찌푸렸다.

"경의 말은 요령부득이구려. 아니, 세상에 무슨 현자가 그렇게 많기에 한꺼번에 일곱 사람씩이나 데려온단 말이오?"

별 볼일 없거나 아니면 사이비 현자가 아니겠느냐 하는 질책이었는데, 순우곤은 조금도 당황하는 기색이 없이 능청스럽게 대답하는 것이었다.

"전하, 같은 종류의 새들은 서로 무리지어 삽니다. 따라서 그 새를 잡으려면 서식지를 찾아가면 힘들이지 않고 몇 마리고 잡을 수 있습니다. 마찬가지로 잔디를 구하려면 물가로 갈 것이 아니라 곧장 산으로 가야 몇 수레분이든 구할 수 있는 것입니다. 바로 「이유취(以類聚)」를 아는 요령이지요. 신이 현인을 찾는 일은 냇가에서 물을 푸는 것만큼이나 용이한 일입니다. 전하께서 원하신다면 이 일곱 현자뿐 아니라 더 많이 데려올 수도 있습니다. 어떻게 할까요?"

그의 재치 있는 대답에는 선왕도 그만 웃지 않을 수 없었다.

순우곤

일자열전(日者列傳)

捧腹大笑(봉복대소)

받들 捧 배 腹 웃을 笑

배를 부여잡고 몹시 웃는 모습의 형용.

사마계주(司馬季主)는 초나라 사람으로 장안 동쪽 저자거리에서 점을 쳤다. 당시 중대부(中大夫) 송충(宋忠)과 박사 가의(賈誼)가 닷새 만에 하루 받는 휴가를 같은 날 받게 되었다.

두 사람은 《주역》이 선왕과 성인의 도술(道術)로서, 인정(人情)의 기미(機微)를 정하고 있는 점에 대하여 서로 의논도 하고 경문(經文)을 외기도 하면서 얼굴을 마주하고 감탄했다.

가의가 말했다.

"옛 성인은 조정에 있지 않으면 반드시 점쟁이나 의원 가운데에 있었다고 하오. 나는 삼공과 구경을 위시하여 조정의 사대부에 대해서 생각해 보았으나 거기에는 성현이 없소. 그래서 오늘은 점쟁이 가운데 성현다운 사람이 있지나 않을까 하여 찾아보려고 하오."

두 사람은 그 즉시로 한 대의 수레에 동승하고 저잣거리로 나가 점쟁이들이 모여 있는 가게 안으로 들어갔다. 비가 왔기에 통행인들은 드물었다. 사마계주는 한가롭게 자리에 앉아서

서너 명의 제자들을 옆에 앉히고 천지의 도, 일월의 운행, 음양, 길흉의 근본을 논하고 있는 중이었다.

사마계주는 찾아온 두 사람의 풍채와 용모를 보니 학식이 있는 사람일 것으로 판단되어 바로 답례를 하고 제자에게 명하여 두 사람을 맞아들여 앉도록 했다.

송충과 가의는 관의 띠를 고쳐 매고 정좌를 하며 사마계주에게 말했다.

"저희들이 선생을 뵙고 선생의 말씀을 들으니, 일찍이 선생님 같은 분을 뵌 적이 없음을 깨달았습니다. 그런데 어찌 이런 낮은 자리에 계시면서 천한 일을 하고 계십니까?"

사마계주는 배를 움켜쥐고 크게 웃으면서(捧腹大笑) 말했다.

"당신들은 학문이 있을 것으로 보았는데, 이 또 무슨 고루하고 천박한 말씀이오. 지금 당신들이 어질다고 하는 것은 대체 어떤 것이며, 고상하다고 여기는 사람은 누구를 가리키는 것이오? 또 무엇으로 나를 낮고 천하다고 하는 것이오?"

송충과 가의는 말했다.

"벼슬을 하는 것이 고귀한 일입니다. 재능이 있는 사람으로서 누가 고관대작이 되는 것을 마다하겠습니까? 선생은 인재(人才)이면서도 이런 일을 하시는데, 점치는 일은 허황된 말로 사람들을 속여 그들의 돈이나 재산을 차지하는 것입니다. 이런 점 때문에 우리들이 당신을 비천하다고 말하는 것입니다."

그러자 사마계주는 이렇게 말했다.

"벼슬을 하려면 반드시 백성들을 위해야 합니다. 그렇지 않다면 벼슬을 하거나 국록(國祿)을 받아서는 안 됩니다. 두 분께서는 벼슬하는 것이 고귀하다고 하셨는데, 오늘날 벼슬을 하는 사람들은 또 어떤 사람들입니까?

그들은 서로 결탁하여 자신들의 이익만을 생각하고, 국법(國法)을 이용하여 위로는 왕을 속이고 아래로는 백성들을 속이고 억압하며, 먹고 마시고 놀면서 백성들의 원성을 불러일으킵니다.

뿐만 아니라 굶어 죽은 사람들은 사방에 널려 있으니, 칼을 들지 않고 사람을 죽이는 것과 강도가 무슨 차이가 있겠습니까? 두 분께서는 무엇을 근거로 하여 벼슬하는 사람들이 고귀하다고 말씀하시는 것입니까?"

송충과 가의는 사마계주의 말에 더 이상 말대꾸를 하지 못하였다.

화식열전(貨殖列傳)

老死不相往來 (노사불상왕래)

늙을 老 서로 相 갈 往 올 來

늙어서 죽을 때까지 서로 오가지 않는다는 말로, 피차에 서로 교섭하지 않는다는 말.

사마천은 이렇게 말하고 있다.

"노자가 말하기를, '두 나라가 인접해 있으면서 서로 바라다보고 닭이나 개와 같은 짐승들의 소리마저 들리지만(雞狗之聲相聞), 두 나라 백성들은 각기 자기 나라의 음식을 먹고 자기 나라의 아름다운 옷만 입고 자기의 생활 관습대로 살며 유쾌하게 자기의 할 일을 하면서 서로 죽을 때까지도 왕래하지 않을 수 있다(至老死不相往來).' 라고 했는데, 노자의 이런 말은 지금에는 불가능한 일이다."

이 성구는 사람들이 늙어 죽기까지 한 번도 왕래하지 않아 서로 관계가 없다는 것을 비유하는 말이다.

倉廩實而知禮節 衣食足而知榮辱 (창름실이지예절 의식족이지영욕)

곳집 倉 곳집 廩 영화 榮 욕될 辱

창고가 가득 차면 예절을 알게 되고, 입고 먹는 것이 풍족하면 영광과 치욕을 알게 된다.

관중(管仲)이 말했다.

"창고가 가득 차게 되면 예절을 알게 되고, 입고 먹는 것이 풍족하면 영광과 치욕을 알게 된다(倉廩實而知禮節 衣食足而知榮辱)."

예(禮)란 부유할 때 생겨나지만 가난해지면 사라진다. 따라서 군자가 부유하면 덕을 즐겨 행하고, 소인은 부유하면 자기의 능력에 맞게 행동한다.

연못이 깊어야 물고기가 생겨나고 산이 깊어야 짐승이 오가듯이(淵深而魚生之 山深而獸往之), 사람은 부유하면 인의가 따르게 되는 것이다. 부유한 자가 세력을 얻으면 더욱 두드러지고, 세력을 잃으면 빈객들도 갈 곳이 없어서 이를 달가워하지 않는다. 소수민족들은 더욱 심하다.

속담에 이르기를, "천금을 가진 부잣집 자식은 저자거리에서 죽지 않는다(千金之子不死於市)." 고 했는데 이는 빈 말이 아니다.

그래서 말하기를, "천하 사람들이 여기저기 번화하게 오가는 것은 모두 이익 때문이다." 라고 하는 것이다.

무릇 천승(千乘)의 왕과 만호(萬戶)의 봉지를 가진 제후와 백가의 읍을 가진 대부들도 여전히 가난을 걱정하는데, 하물며 호적에나 편입되어 있는 일반 백성들이야 어떠하겠는가!

옛날 월왕(越王) 구천(句踐)은 회계산(會稽山)에서 곤경을 당해 이에 범려(范蠡)와 계연(計然)을 기용했다.

계연이 이렇게 말했다.

"전쟁을 알면 전쟁 준비를 잘하고, 때와 용도를 알면 비로소 그 물건을 알게 되니, 이 두 가지를 대조해 보면 모든 재화의 실정을 볼 수가 있습니다.

따라서 그 해 세성(歲星)이 서쪽에 있으면 풍년이 들고, 북쪽에 있으면 흉년이 들고, 동쪽에 있으면 기근이 생겨나며 남쪽에 있으면 가뭄이 들게 됩니다.

가뭄이 들면 배를 준비하고, 수해가 나면 수레를 준비해두는 것이 사물의 이치입니다.

6년마다 풍년이 들고, 6년마다 가뭄이 들며, 12년마다 대기근이 닥칩니다. 무릇 곡식 값이 20전이면 농민이 손해를 입고, 90전이면 상인이 손해를 봅니다. 상인이 손해를 보면 재화가 유통되지 않고, 농민이 손해를 보면 농지가 황폐해집니다.

값이 올라도 80전을 넘지 않고 값이 내려도 30전 밑으로 내려가지 않으면 농민과 상인이 모두 이익을 보니, 곡식 값을 조정하고 물건의 값을 안정시키고 시장에 물건이 부족하지 않게 하는 것이야말로 나라를 다스리는 이치입니다.

물자를 사재는 이치는 물자를 온전하게 보존하는 데 힘을 쓰되 그 자금을 묵혀서는 안 됩니다. 이런 물자를 서로 교역하게 되는데, 부패되거나 상하기 쉬운 물건은 오래 두지 말아야 하며, 값이 오를 때까지 쌓아 놓는 위험을 무릅쓰지 말아야 합니다.

물건이 과잉되는지 모자라는지를 연구하면 값이 오를지 내릴지를 알 수 있습니다. 비싼 것이 극에 달하면 반대로 싸지고, 극도로 값이 내려가면 반대로 비싸집니다. 따라서 값이 오르면 오물을 버리듯 내다 팔고, 값이 내리면 주옥을 얻은 듯 사들여야 합니다. 재물과 화폐는 물 흐르듯 돌게 해야 합니다."

이렇게 10년을 다스리자 나라가 부유해졌고 병사들에게 후하게 상을 주니 병사들은 전쟁터에 나가는 것을 목마른 사람이 물을 구하듯 하였으며, 마침내 강력한 오나라에 보복하고 중원을 향해 무력을 떨치니 '5패(五霸)'로 불리게 되었다.

人棄我取人取我與 (인기아취인취아여)　　버릴 棄 나 我 더블 與

사람들이 버리고 돌아보지 않을 때는 사들이고, 세상 사람들이 사들일 때는 팔아넘기다. 취미나 견해가 다른 사람들과 다름을 비유하는 말로 쓰이기도 한다.

백규(白圭)는 주나라 사람이다. 위문후(魏文侯) 때, 이극(李克 : 전국시대 초기의 정치가)은 토지의 생산력을 증대시키는 데 힘을 기울였으나, 백규는 시세의 변동을 살피기를 좋아했다. 그래서 백규는 사람들이 버리고 돌아보지 않을 때는 사들이고, 세상 사람들이 사들일 때는 팔아 넘겼다(人棄我取 人取我與). 즉 풍년이 들면 곡식은 사들이고, 실과 옻은 팔았으며, 흉년이 들어 누에고치가 나돌면 비단과 솜을 사들이고 곡식을 내다 팔았다.

백규는 장사하는 것도 전쟁을 하는 것처럼 지략(智略)을 써야만 성공할 수 있다고 생각하였다. 쓸모없는 것으로 여겨 남들이 다 버릴 때 그것을 모아 두었다가 나중에 남들이 필요로 할 때 내다 팔면 큰돈을 버는 것은 자명한 이치이다. 알고 보면 돈 버는 이치가 참으로 간단한 데 있다.

그런데 왜 사람들은 돈을 못 버는가? 쉽고 간단한 이치일수록 실천하기가 어렵기 때문이다. 남들이 다 버리고 있는 것을 혼자 나서서 주워 두기가 어디 쉬운 일이겠는가? 그거야말로 용기와 배짱과 느긋한 마음을 필요로 하는 일이다. 웬만해서는 그렇게 살지 못한다.

남이 하는 대로 따라서 살아야지 남과 다른 방향으로 갈라치면 왠지 불안해서 그 길을 가기가 결코 쉽지 않다. 그래서 사람들은 다 남들이 가는 길을 나도 가야겠다고 나서서 이른바 「피나는 경쟁」을 하는 것이다.

그러나 한 발걸음만 물러서서 세상을 바라보면 남들이 가지 않은 호젓하면서도 상쾌하며 무한히 자유로운 나만의 길이 있다는 것을 발견하게 된다. 그런 자유 속에서 잘만 하면 돈도 얼마든지 벌 수 있다.

陶朱之富 (도주지부)

질그릇 陶 붉을 朱 부할 富

도주공의 부라는 뜻으로, 큰 부자를 가리키는 말.

「와신상담(臥薪嘗膽)」에 나오는 월왕(越王) 구천(句踐)은 오(吳)나라의 포로에서 풀려나온 20년 뒤에, 마침내 오나라를 멸하고 남방의 패자가 되었다.

월왕 구천을 도와 이 날이 있게 한 것은 대부분이 범려(范蠡)의 공로였다. 오나라를 멸하고 상장군이 되어 돌아온 범려는 "나는 새가 죽으면 좋은 활은 광으로 들어가고, 날랜 토끼가 죽으면 사냥개는 삶아 먹힌다."는 옛말의 교훈도 교훈이려니와, 월왕 구천이란 사람이 고생은 같이할 수 있어도 낙은 같이할 수 없는 사람이라는 것을 알기 때문에 보물만을 싣고 월나라를 떠나 바다 건너 멀리 제나라로 갔다.

나라를 부강하게 만들 수 있었던 범려는, 그의 뛰어난 경제적 두뇌로 축재(蓄財)에 힘쓴 나머지 얼마 안 가서 수천만의 재산을 모았다. 그러자 제나라에서는 그가 비범한 사람인 것을 알고 그를 재상으로 맞아들였다. 이 때 범려는 치이자피(鴟夷子皮)라는 이름으로 행세를 했던 것이다. 그러나 범려는 사양하며 말했다.

범 려

"집은 천금의 부를 이루고 벼슬은 재상에 올랐으니 이는 평민으로서는 극도에 달한 것이다. 오래 높은 이름을 누린다는 것은 상서롭지 못한 일이다."

범려는 재상의 자리에서 물러나, 있는 재산을 모조리 친구와 고을 사람들에게 나누어준 다음 값비싼 보물만을 챙겨 가지고는 남몰래 도(陶 : 산동성 도현)란 곳으로 가 숨어 살며 주공(朱公)이란 이름으로 행세를 했다.

범려는 도란 곳이 천하의 중심에 위치하여, 길이 사방으로 통하고 물자의 유통이 원활한 것을 알고, 재산을 모아 무역에 종사함으로써 남에게 해를 끼치는 일 없이 19년 동안에 세 번이나 천금의 재산을 모을 수가 있었다. 이 중 두 번까지는 모은 재산을 가난한 친구와 먼 친척들에게 다 나누어주었다. 범려야말로 잘 살게 되면 남에게 덕을 입히기를 좋아하는 사람이었다.

뒤에 그의 나이가 많아지자, 모든 일을 자손들에게 맡기게 되었는데, 자손들 역시 그를 닮아 재산을 모으고 불리는 데 남다른 무엇이 있어 억만금의 재산을 모으기에 이르렀다. 그러므로 재산을 놓고 말할 때면 온 세상 사람들이 다 도주공(陶朱公)을 일컫게 되었다.

춘추시대 때 노(魯)나라 의돈(猗頓)이란 사람이 있었다. 원래는 궁사(窮士)였으나 소금과 목축으로 부를 쌓아 의씨(猗氏 : 산서성 안택현)에 살며 왕공(王公)을 능가하는 생활을 했다. 그래서 의돈이라 했다.

이런 까닭으로 세상에서 부를 운운하는 자는 도주공을 말하고, 혹은 의돈의 이름을 말한다. 여기서 부자들을 가리켜 「도의(陶猗)」라 하고 그 부를 「도주의돈의 부(陶朱猗頓之富)」라는 말이 생겼다.

범려와 서시

평준서(平準書)

조령모개
朝令暮改　　　아침 朝 법 令 저녁 暮 고칠 改

법령을 자주 고쳐서 갈피를 잡기가 어려움.

아침에 내린 명령이나 법령이 저녁에는 다시 바뀐다는 뜻이다. 현실을 무시하거나 원칙이 서 있지 않고 갈팡질팡하는 처사를 말한다. 꼭 정부의 처사에 한한 것이 아니고, 모든 경우의 일관성 없는 지시 따위를 이렇게 말할 수 있다.

〈평준서(平準書)〉에 보면 한문제(漢文帝) 때 일이라 하여,

"흉노가 자주 북방을 침범해 들어와 약탈을 자행하기 때문에 수비하는 군대들이 직접 농사를 짓는 둔병(屯兵)제도를 실시했다. 그러나 그것만으로는 부족했기 때문에 그 부족량을 충당하기 위한 방법으로, 곡식을 나라에 바칠 사람과 그것을 현지까지 운송할 사람을 공모하여 그 수량과 성적에 따라 벼슬을 주기로 했다." 는 기록이 있다.

이러한 조치를 취하게 된 것은, 문제와 경제(景帝) 두 조정에 걸쳐 어사대부라는 부총리 벼슬에까지 올랐던 조조(鼂錯)의 헌책에 의해서였다.

그는 이 같은 정책을 실시해야 한다고 주장한 상소문 가운데서 「조령모개(朝令暮改)」란 말을 쓰고 있다. 이 말이 나오는 대목을 소개하면 다음과 같다.

"지금 다섯 명 가족의 농가에서는 부역이 너무 무겁기 때문에 여기에 매어 사는 사람이 둘 이상에 이르고, 밭갈이할 수 있는 경우에도 겨우 백 묘를 넘지 못하며, 백 묘의 수확은 백 석을 넘지 못한다.

……관청을 수리하고 부역에 불려 나가는 등…… 사시사철 쉴 날이 없다. ……이렇게 살기 힘든 형편에 다시 홍수와 가뭄의 재난이 밀어닥치고, 뜻하지 않은 조세와 부역에 응하지 않으면 안된다. 조세와 부역은 일정한 시기도 없이 아침에 명령이 내려오면 저녁에는 또 다른 명령이 고쳐 내려온다(朝令而暮改).

전답 잡힐 것이 있는 사람은 반값에 팔아 없애고, 그것도 없는 사람은 돈을 빌려 원금과 같은 이자를 물게 된다. 이리하여 논밭과 집을 팔고 자식과 손자를 팔아 빚을 갚는 사람까지 생겨나게 된다."

즉 지나친 세금과 부역은 장사꾼과 빚쟁이를 배불리는 결과를 가져오게 되고, 농민들은 농토를 잃게 되므로 세금과 부역을 줄이고, 힘이 있고 재물이 있는 사람에게 곡식을 바치고 벼슬을 사도록 하라는 내용이다.

조조는 부국강병책으로 중앙집권을 꾀한 나머지 제후들 중에 조금만 잘못이 있으면 트집을 잡아 땅을 깎아 직속 군(郡)으로 만들었기 때문에 그것이 화근이 되어 오초칠국(吳楚七國)의 반란을 불러일으키고, 그 자신 그 죄로 인해 죽게 된다.

천관서(天官書)

海市蜃樓 (해시신루) 바다 海 저자 市 큰조개 蜃 누대 樓

공허한 환상의 믿을 수 없음을 이름.

신기루와 같은 뜻으로, 환상으로 빚어진 경관이나 사물 또는 그와 같이 허황된 일을 비유하는 말이다.

「해시(海市)」는 광선의 굴절로 인하여 바다 위에 시가지나 사람 모양 등 물체의 모습이 헛 나타나 보이는 현상을 말한다. 신기루(蜃氣樓)라고 한다.

신(蜃)은 대합(大蛤)을 말하는데, 중국의 전설에 따르면, 대합이 토해 내는 기운이 누대(樓臺)나 성곽의 형상처럼 보인다고 한다.

"바닷가 대합이 토해 내는 기운은 누대처럼 보이고, 넓은 들판의 기운은 궁궐을 이룬 듯하다(海旁蜃氣象樓臺 廣野氣成宮闕然)."

이러한 표현은 나중에 일상생활에서 환영(幻影)과 같이 헛된 일을 비유하는 데 사용되었다.

이를테면, 청(淸)나라 때 간행된 《수당유사(隋唐遺事)》에 있는 이야기다.

"장창의(張昌儀)가 황제의 총애를 믿고 권세를 부리자, 청탁하러 오는 사람들이 시장이 북적이는 것처럼 많았다. 이담(李湛)이 이를 두고, '이는 신기루에 비할 뿐이니, 어찌 오래 가겠는가(此海市蜃樓比耳 豈長久耶)?' "라는 구절이 있다.

「공중누각(空中樓閣)」과 같은 뜻이다.

호복기사 胡服騎射 오랑캐 胡 옷 服 말 탈 騎 쏠 射

오랑캐의 옷을 입고 말을 타면서 화살을 쏜다는 뜻으로, 비효율적인 전통방식에 얽매이지 않고 실용성을 추구하여 근원적인 문제와 체질을 개혁하려는 문제해결 자세를 이르는 말.

호복기사(胡服騎射)로 대표되는 북방 유목민족의 기마전술을 도입, 응용하여 조(趙)나라를 군사대국으로 성장시켰다

전국시대의 조(趙)나라 무령왕(武靈王, 재위 BC 325~BC 299)은 진(秦)이 원교근공책(遠交近攻策)으로 다른 제국을 압박하자 호(胡)와 싸워 북방으로 국토를 확대시켜갔다.

기원전 480년 조나라는 흉노나 진나라와 같은 강국의 위협을 받으면서도 전차를 위주로 하는 오래된 전투법을 답습하여 기동성이 강한 흉노적을 이길 수가 없었다. 이에 조(趙)나라 무령왕은 전군에게 종래의 비효율적인 옷을 버리고, 호인들이

입는 간편하고 행동하기 좋은 기마복으로 바꿔 입도록 명령하였다.

무령왕은 대신 누완(樓緩)에게 이렇게 말했다.

"우리나라 동쪽에는 제나라와 중산(中山)이 있고, 북쪽에는 연나라와 동호(東胡)가 있고, 서쪽에는 진나라 · 한나라 · 누번(樓煩)이 있는데 우리가 강대해지지 못하면 언제든지 다른 나라의 침략을 받게 될 것이오. 그러니 한시 바삐 제도를 개혁하고 강성대국을 만들어야 할 것이오. 과인이 보기에, 지금 우리가 입고 있는 군복은 소매가 넓고 옷자락이 길어서 일을 하거나 전쟁을 할 때 불편한 점이 적지 않소. 반면에 호복(胡服; 유목민족들이 입는 옷)은 소매가 좁고 옷자락이 짧아서 일하기도 좋고 전장에서 창칼을 쓰기도 좋소. 그래서 과인은 우리의 전투복장도 호복처럼 고쳤으면 하는데, 경의 생각은 어떻소?"

누완은 그 말에 찬성했다.

"지당하신 말씀입니다. 우리가 호복을 본떠 의복을 고치면 그들의 싸우는 재주도 배우기 수월할 것입니다."

하지만, 문신들은 낡은 인습에 얽매여 거세게 반발하였다.

그러나 무령왕은 개혁의 뜻을 굽히지 않았다. 개혁을 단행하려면 내부로부터 오는 반대부터 해결해야겠다고 생각한 무령왕은 숙부인 공자 성(成)을 찾아갔다. 호복은 간편해서 말을 타고 활을 쏘는 데 편리하다는 등 호복의 이점을 거듭 이야기해서 결국 그를 설득시켰다.

공자 성이 동의하자 무령왕은 그에게 호복 한 벌을 내려주었다. 가장 보수적인 공자 성이 호복을 입자 다른 대신들도 더는 반대하지 못하고 모두 호복을 입게 되었다.

조정 안의 의견이 통일되자 무령왕은 전국에 복장 개혁에 관한 어명을 내렸다. 머지않아 조나라 사람들은 귀천이나 빈부를 가리지 않고 모두 호복을 입게 되었다. 처음에는 어색했지만 나중에는 다들 호복이 간편하고 좋다는 것을 알게 되었다.

그후 무령왕은 온 국민에게 말을 타고 활을 쏘는 법을 배우게 했다. 그리하여 1년이 채 지나기도 전에 조나라는 강대한 기병대를 갖게 되었다.

기원전 305년, 무령왕은 기병을 거느리고 중산을 격파하고, 동호와 인근의 몇몇 부락들을 정복했다. 호복을 입은 지 7년 만에 조나라는 중산, 임호(林胡), 누번 등을 정복하고 조나라의 영토를 크게 확장시켰다.

무령왕은 직접 군대를 거느리고 나가 싸웠으며, 나라 정사는 아들에게 맡겼다. 기원전 299년에 왕의 자리를 아들에게 넘겨주니, 그가 바로 혜문왕(惠文王)이다. 그리고 무령왕 자신은 주부(主父 ; 임금의 아버지)가 되었다.

어떤 개혁이든 전통적 습관과 사고방식을 고집하려는 세력의 저항을 받게 마련이다. 하지만 스스로가 솔선수범하고 협력을 구한다면 개혁의 근간을 세우기에 족할 것이다.

《전국책(戰國策)》에도 실려 있다.

호복기사

| 명문동양문고 |

史記 名言 100 下

초판 인쇄일 / 2020년 3월 05일
초판 발행일 / 2020년 3월 10일

☆

엮은이 / 金東求
펴낸이 / 金東求
펴낸데 / 圖書出版 明文堂 (창립 1923년 10월 1일)
서울특별시 종로구 윤보선길 61(안국동)
우체국 010579-01-000682
☎ (영업) 733-3039, 734-4798
(편집) 733-4748
FAX. 734-9209
e-mail : mmdbook1@hanmail.net
등록 1977. 11. 19. 제 1-148호

☆

ISBN 979-11-90155-35-9 03140

☆

값 10,000원 (낙장이나 파본은 구입하신 서점에서 교환해 드립니다.)